Jutta Grimm

Vollwert-Naschereien

pala-verlag

Jutta Grimm

Vollwert-Naschereien

Süße und pikante Köstlichkeiten

Mit Cartoons
von Renate Alf

ISBN: 3-923176-99-6

Cartoons und Umschlagillustration: Renate Alf
Druck: Fuldaer Verlagsanstalt, Fulda

Dieses Buch (Innenteil und Umschlag) ist auf
Recyclingpapier aus 100 % Altpapieranteilen gedruckt

Inhaltsverzeichnis

Meine Kinder naschen nicht!

Bevor ich eigene Kinder hatte, war Kindererziehung für mich ganz einfach. Rein theoretisch, versteht sich. Meine zukünftigen Engelchen hätten an Spielzeug nur eine Stoffpuppe Marke Waldorfpädagogik, unlackierte Bauklötzchen und Bienenwachsknet. Sie schliefen von abends 7.00 bis morgens mindestens 8.00 Uhr friedlich in ihrem eigenen(!) Bett, frühstückten gutgelaunt ihr Müsli oder noch besser ihren Frischkornbrei, um dann die Zeit bis zum naturköstlichen Mittagessen ganz vertieft in ihrer Spielecke zu verbringen. Süßigkeiten würden ihnen weder angeboten noch würden sie nach denselben verlangen. Mit Konsequenz und Liebe alles kein Problem. Wie gesagt, rein theoretisch...

Mittlerweile habe ich Gelegenheit gehabt, auch die Praxis kennenzulernen. Niklas wird demnächst 4 Jahre, Moritz 3 Jahre alt, die Nummer 3 ist gerade unterwegs. Ich will gar nicht ins Detail gehen. Nur soviel: wir haben keine Walldorfpuppe und keine unbehandelten Bauklötzchen, dafür zwei große Kisten mit Spielzeug anderer Art. Sie schlafen wohl in ihrem eigenen Bett, doch muß man dazusagen, daß sie auch unser Bett als ihr rechtmäßiges Eigentum betrachten. Frischkornbrei und Müsli zum Frühstück sind für sie kein Thema. Wir ernähren uns zwar weitgehend vollwertig, aber Pommes mit Ketchup und Weißmehlpizza ist das beste Mittel, um leuchtende Kinderaugen zu erzeugen. Niklas antwortet auf die Frage, was er denn am liebsten esse, normalerweise mit „Fleisch und Schokolade". Was stets meine Gesichtsfarbe in ein gesundes Zinnober umschlagen und kinderlose NaturköstlerInnen zu einer kürzeren oder längeren Abhandlung über die richtige Kindererziehung ansetzen läßt.

Dabei hatte ich ja auch einmal die allerbesten Vorsätze. Selbstverständlich wurden die Kinder über mehrere Monate voll gestillt und sollten auch dann weitgehend zuckerfrei aufwachsen. Die Omis, Tanten und wohlmeinenden Bekannten waren darüber informiert, daß sie keine Süßigkeiten mitbringen sollten. Das klappte anfangs auch ganz gut. Doch mittlerweile hält sich trotz fortwährender Ermahnungen niemand mehr so richtig daran. Denn: Kinder mögen Süßigkeiten, sie verlangen oft danach und geben ihrer Zufriedenheit Ausdruck, wenn sie welche bekommen. Und nichts läßt ein Omaherz höher schlagen, als ein glücklich lächelnder (wenn auch schokoladenverschmierter) Kindermund.

Damit ich nicht falsch verstanden werde: ich bin nach wie vor der Meinung, Kinder sollten möglichst wenig naschen. Und ich habe auch nicht aufgehört, dies der Verwandtschaft kundzutun. Aber anscheinend ist dies ein Kampf gegen Windmühlen... Mittlerweile bin ich deshalb schon so weit Realistin, daß ich zu gewissen Zugeständnissen bereit bin.

Ich sitze übrigens im Glashaus. Wie es in der Werbung so schön heißt: „Isch bin 32 Jahre alt und ess wahnsinnisch gerne Schokolade". Man hat sich zwar so weit im Griff, daß man nicht gerade den Kindern etwas vorißt, aber die weggeschlossenen Schokoeier und Osterhasen von der allzu wohlmeinenden Verwandtschaft sind vor nicht allzu langer Zeit - mea maxima culpa - in meinem Magen gelandet. Doch eigentlich bin ich mir sicher,

daß es vielen anderen auch so ergeht. Mit dem Naschen ist es schließlich so wie bei manchen anderen Dingen: Alle tun's, aber keiner gibt's zu. Oder?

Das alles hat mir viel Kopfzerbrechen bereitet. Deshalb habe ich mir Gedanken gemacht, wie ein vernünftiger Umgang mit Süßigkeiten aussehen könnte.

Wenn denn schon unbedingt genascht werden muß, dann ist es immer noch besser, *möglichst naturbelassene Zutaten* zu essen, als raffinierten Zucker, mehr oder weniger künstliche Farbstoffe, Konservierungsmittel usw.. Gucken Sie sich doch mal das „Kleingedruckte" auf einer Tüte mit Marshmallows an. Ein Riegel aus Trockenfrüchten und Nüssen erscheint mir da allemal besser zu sein. Der „schwimmt zwar nicht in Milch", aber den lieben Kleinen schmeckt's trotzdem. Als kleine Zwischenmahlzeit oder für unterwegs ein ganz vernünftiger Kompromiß, oder?

Natürlich ist auch die Menge entscheidend, denn die *Dosis macht das Gift*. Auch naturköstliche Schleckereien sollte man nicht in großen Mengen in sich hineinstopfen. Aber das ist ja eh klar. Und bitte: Süßigkeiten nicht als Belohnung oder Bestrafung einsetzen! Es macht sie für Kinder nur um so begehrenswerter und fördert ein gestörtes Eßverhalten.

Auch wenn statt weißem Zucker Honig oder Trockenfrüchte verwendet werden, ist Naschen schlecht für die Zähne. Gerade die natürlichen Süßmacher setzen sich besonders gut zwischen den Zähnen fest und verursachen dort Karies. Also sollte man es sich angewöhnen, nach dem Verzehr von Süßigkeiten *immer die Zähne zu putzen.* Mit einer kleinen Reisezahnbürste ist das übrigens auch unterwegs möglich. Es gibt auch schon medizinischen Kaugummi, der zahnreinigend wirkt, aber kein Ersatz für das Zähneputzen sein kann.

Also noch einmal in Kürze:
- vernünftige Zutaten
- nicht zu viel und nicht zu oft
- nach dem Naschen das Zähneputzen nicht vergessen.

Aus diesen Überlegungen heraus ist dieses Buch entstanden. Ich habe es für all diejenigen geschrieben, die auch auf dem schmalen Grat zwischen Vernunft und Verführung balancieren

und mal in die eine oder andere Richtung abrutschen. Es ist kein Buch mit erhobenem Zeigefinger, vielmehr soll es Spaß machen. Einmal das Ausprobieren der vielen Rezepte, das Genießen der selbstgemachten Köstlichkeiten und last but not least die witzigen und bissigen Cartoons und Illustrationen von Renate Alf. Niemand könnte den Lebensnerv der „Szene" besser treffen als sie. Man gönnt sich ja sonst nichts!

Jutta Grimm

Muß denn Naschen Sünde sein?

Die süße Lust ist keine Sünde, die das ewige Seelenheil kostet. Natürlich lebt man ohne gesünder, aber das kennt man ja: Bei allem, was Spaß macht, ist meist ein Pferdefuß dabei. Also muß eine vernünftige Umgehensweise mit den süßen Köstlichkeiten gefunden werden. Und da hält man es am einfachsten mit dem großen Goethe und einer seiner Lebensweisheiten: „Alles „*zu*“ ist von Übel!“

❍ Nicht *zu* viel naschen ist klar.

❍ Nicht *zu* wenig naschen in dem Sinn, daß aus jeder kleinen Nascherei gleich ein Drama gemacht wird. Das gilt vor allem für sehr ernährungsbewußte Eltern. Ich kenne eine Familie, in der die Kinder nur an einem Tag der Woche eine einzige Süßigkeit bekamen, und die auch nur, wenn sie „brav“ waren. Seit diese Kinder älter sind und über ein eigenes Taschengeld verfügen, stopfen sie so ziemlich alles Zuckerzeug, das sie kriegen können, wahllos in sich hinein.

❍ Nicht *zu* oft naschen. Nur wenn der Genuß von Süßigkeiten etwas Besonderes bleibt, ist er tatsächlich noch ein Genuß. Wer tagtäglich Süßes satt bekommt, wird sicher ein viel geringeres Geschmackserlebnis haben eine Art Inflation findet statt.

❍ Nicht *zu* wichtig werden lassen. Naschereien niemals als Belohnung oder Druckmittel einsetzen. Zwar erzeugt man damit noch keine Eßstörungen, aber die Richtung ist vorgegeben. Umgekehrt sollte man sich auch nicht von den Kindern (oder leckermäuligen Partnern) durch ständiges Quengeln dazu bringen lassen, ständig neue Süßigkeiten zu beschaffen.

Am besten wäre es, wenn man für sich selbst ein richtiges Maß finden würde. Nach dem Motto: Ab und zu wenig naschen, dafür aber mit Genuß.

Wenn ich nur wüßt', was drinnen ist...

Laut Gesetzgeber müssen die Inhaltsstoffe eines Nahrungsmittels auf der Verpackung deklariert werden. Das liest sich dann beispielsweise folgendermaßen:

> *Zucker, Magermilchpulver, Kakaomasse, Kakaobutter, Pflanzenfett, Butterreinfett, Stärke, Glucosesirup, Gummi Arabicum (als Farbträger), Emulgator (Lecithin), künstliche Farbstoffe (E 104, E 110, E 122, E 124, E 131, E171), Geliermittel (Dextrin), Überzugsmittel (Carnaubawachs), künstliches Aroma, Salz.*

Raten Sie mal, was sich dahinter verbirgt! Der Fachterminus dafür ist „Schokolinsen (Pflanzenfett) mit Zuckerüberzug“. Nicht übel, was da so alles zusammengerührt wurde.

Übrigens sagt die Aufzählung auch etwas über die Anteile der Zutaten aus. Die Inhaltsstoffe, die zuerst genannt werden, sind mengenmäßig am stärksten vertreten, d.h. in diesem Fall: Zukker ist am meisten, Salz am wenigsten darin enthalten. Oft „schummeln“ die Hersteller bei der Deklaration noch ein bißchen, indem sie die unliebsamen Zutaten aufsplitten in zwei zu deklarierende Inhaltsstoffe, die dann jeweils mengenmäßig weniger ausmachen und auch entsprechend weiter unten in der Deklaration auftauchen. Besonders gerne wird das bei Zucker gemacht, der dann als Fruchtzucker, Traubenzucker, Glucosesirup usw. unter ferner liefen auftaucht und so einen wesentlich kleineren Mengenanteil suggeriert.

Wissen Sie eigentlich, was genau künstliche Farbstoffe (E 104, E 110, E 122, E 124, E 131, E171), Geliermittel (Dextrin), Überzugsmittel (Carnaubawachs) und künstliches Aroma sind? Die Rezeptur liest sich beinahe wie ein Medikamenten-Beipackzettel. Zu Risiken und Nebenwirkungen fragen Sie Ihren Arzt oder Lebensmittelhändler!

Mit der Europäischen Union wird es übrigens nicht besser, sondern schlimmer. So werden Zusatzstoffe in Lebensmitteln (Konservierungs,- Aroma- und Farbstoffe) zugelassen, die bisher in Deutschland nur sehr eingeschränkt verwendet werden dürfen oder verboten sind. Beispiele sind die Propionsäure, die wegen „toxikologischer Bedenken“ verboten wurde, oder der Farbstoff Tartrazin, der Allergien fördern soll. Diese könnten nun - getarnt hinter einer E-Nummer - wieder auf unserem Tisch landen. Es könnte aber auch sein, daß ein Lebensmittel radioaktiv bestrahlt oder gentechnisch bearbeitet wurde. Zwar wehren sich die Verbraucherschutzverbände mit aller Kraft gegen diese Möglichkeit und fordern zumindest eine Kennzeichnungspflicht für solche Produkte, aber die Lobby der Nahrungsmittelhersteller ist ja bekanntlich sehr groß...

Greifen Sie deshalb lieber auf „gesunde Naschereien“ aus dem Naturkostladen zurück, oder machen Sie sie einfach selbst. Dann wissen Sie genau, was drin ist. Außerdem können Sie auf künstliche Konservierungs- und Farbstoffe völlig verzichten. Und wenn Sie auch noch Zutaten aus kontrolliert biologischem Anbau verwenden, dann können Sie wirklich - wie die Werbung so schön sagt - unbeschwert genießen. Aber bitte daran denken: „Alles ***zu*** ist von Übel!“

Kleine Warenkunde:

Zucker...

Was ist Zucker? Zucker ist süß. Soviel steht fest. Zucker ist ein notwendiges Grundnahrungsmittel, mit dem ein ausgeglichener Energiehaushalt gewährleistet werden kann. Das meint die Zuckerindustrie. Zucker ist ungesund, zumindest der raffinierte, weiße Haushaltszucker. Das weiß die Naturkostszene. Aber im Dschungel der Fachbegriffe kennt sich dann fast niemand mehr aus. Dann wird der *Rohrzucker* als weniger schädlich angesehen, weil man glaubt, er wird ohne viel „Veredlung" aus dem Rohstoff Zuckerrohr gewonnen. Um diesem und anderen Irrtümern vorzubeugen, hier ein kleiner Überblick über die sogenannten *„Fabrikzuckerarten"*.

Zucker: Unter Zucker versteht man i.d.R. Einfach- und Zweifachzucker (gehören zu den Kohlenhydraten), die sich leicht in Wasser lösen und süß schmecken. Zu den Monosacchariden (Einfachzuckern) gehören Trauben- und Fruchtzucker, zu den Disacchariden gehört Saccharose, Lactose und Maltose. Zucker kommt in vielen Pflanzen vor und wird industriell in aufwendigen Verfahren daraus isoliert (raffiniert) oder durch Umwandlung aus anderen Kohlenhydraten wie Stärke gewonnen. Oft wird bei der gesetzlich vorgeschriebenen Deklaration der Inhaltsstoffe auf der Verpackung eines Lebensmittels nicht der Gesamtzuckergehalt genannt. Durch das Aufzählen verschiedener Zucker wird dem Verbraucher ein niedrigerer Zuckergehalt vorgespiegelt.

Saccharose: der gewöhnliche weiße Haushaltszucker, ein Disaccharid, das sich aus je 1 Molekül Glucose und Fructose zusammensetzt. Saccharose wird aus Zuckerrüben und Zuckerrohr gewonnen. Die Pflanzen werden gewaschen, kleingeschnetzelt und mit Wasser erhitzt. Dieser Saft wird unter Zugabe von Kalk und Kohlendioxid gereinigt und abgefiltert. In Vakuumkesseln läßt man das Wasser verdampfen, bis sich ein dickflüssiger Sirup bildet. Durch Zugabe von kleinen Zuckerkristallen wird die Kristallisation gefördert, der auskristallisierte Rohzucker wird anschließend in Zentrifugen isoliert (Rohzucker). Mit Wasserdampf werden die Zuckerkristalle von den anhaftenden Melasseresten gereinigt. Erneutes Auflösen, Auskristallisieren und Reinigen ergibt dann immer reineren, weißen Zucker.

In Deutschland liegt der Zukkerverbrauch bei über 36 Kilo pro Kopf. Davon entfallen im Schnitt 9 Kilo auf den direkten Verbrauch, 27 Kilo auf die versteckten Zukker in Süßigkeiten, Kuchen, Getränke usw.. Übrigens enthalten auch viele pikante Lebensmittel Zucker.

Brauner Zucker (Rohrzucker): ein Zwischenprodukt bei der Herstellung von Haushaltszucker. Die braune Farbe kommt von der Melasse, die noch nicht ganz ausgewaschen ist. Allerdings stellt dies nicht unbedingt eine Wertsteigerung im Vergleich zum weißen Zukker dar. Brauner Zucker wird aus Zuckerrohr hergestellt, da Rübenmelasse einen unangenehmen Beigeschmack hat.

Traubenzucker (Glucose): wird hauptsächlich aus Mais- oder Kartoffelstärke gewonnen, kommt aber auch frei in Früchten (z.B. Trauben) vor. Er kann vom Körper schnell resorbiert werden, der Blutzuckerspiegel steigt schnell an. Das gilt besonders beim Sport als vorteilhaft. Experten warnen jedoch vor einem Absinken des Blutzuckerspiegels und Spätschäden nach Dauergenuß.

Fruchtzucker (Fructose): wird nicht aus Früchten, sondern meist durch Umwandlung von Traubenzucker aus Rohrzucker gewonnen. Er gilt für Diabetiker als verträglich und hat eine sehr hohe Süßkraft.

Milchzucker (Lactose): wird aus Molke gewonnen. Er hat nur eine geringe Süßkraft und wirkt leicht abführend.

Malzzucker (Maltose): entsteht beim Abbau von Stärke, z.B. aus Getreide.

Puderzucker (Staubzucker): Haushaltszucker wird staubfein gemahlen und gesiebt.

Isoglucose: Ein Flüssigzucker, der durch enzymatische Umwandlung aus Maisstärke gewonnen wird. Weite Teile der Nahrungsmittel- und Getränkeindustrie haben bereits auf Isoglucose umgestellt, da diese billiger und kalorienärmer ist als Saccharose.

Raffinade: eine Qualitätsbezeichnung der Zuckerindustrie. Besonders reiner, weißer Verbrauchszucker, der bestimmten Reinheitsanforderungen entspricht. In verschiedenen Körnungen erhältlich.

Roh-Rohrzucker: Unterart des braunen Zuckers. Zuckerrohrsaft wird im Vakuum eingedickt. Durch Zugabe von kleinen Zuckerkristallen wird die Kristallisation gefördert, der auskristallisierte Roh-Rohrzucker wird anschließend in Zentrifugen isoliert. Man unterscheidet Demerara (98 % Saccharose, 2 % Melasse) aus der ersten Kristallisation, heller Muscovado (94 % Saccharose, 6 % Melasse), dunkler Muscovado (87 % Saccharose, 13 % Melasse) und Melasse (80 % Saccharose, 20 % Melasse) aus der zweiten Kristallisation. Die Trennung erfolgt auch hier wieder durch Zentrifugieren. Je höher der Melassegehalt, desto dunkler und geschmacksintensiver wird der Zucker und desto größer ist der Mineralstoffgehalt.

Vollrohrzucker: Zuckerrohrsaft wird im Vakuum eingedickt. Durch Zugabe von kleinen Zuckerkristallen wird die Kristallisation gefördert. Die Zuckerkristalle werden hier jedoch nicht vom Sirup abgetrennt, sondern beides wird zusammen getrocknet. Vollrohrzucker (ca. 80 % Saccharose, 2-7 % Glukose, 2-9 % Fructose) - unter den Namen Ursüße, Sucanat, Rapadura im Handel - hat einen karamelartigen Geschmack.

...künstliche Süßstoffe

Künstliche Süßstoffe: Seit es „in" ist, schlank zu sein, wird nach Alternativen zum Zucker gesucht. Der erste künstliche Süßstoff *Saccharin* wurde bereits 1878 entdeckt. Künstliche Süßstoffe, z.B. *Saccharin, Zyklamat, Aspartame (Nutra Sweet, Canderel, Assugrin)*, sind synthetisch hergestellte Verbindungen, die keine Verwandtschaft zum Zucker ha-

ben. Sie besitzen meist eine viel höhere Süßkraft als Zucker, *Aspartame* ist etwa 200mal süßer. Sowohl *Zyklamat* als auch *Saccharin* sind mittlerweile in den USA verboten, da sie in dem Verdacht stehen, Krebs zu erregen. In Deutschland sind sie nach wie vor erlaubt, vor allem das kalorienfreie *Aspartame* wird mittlerweile zum Süßen vieler Light-Produkte eingesetzt. Hinweise auf Folgeschäden liegen noch nicht vor.

Zuckeraustauschstoffe: aus natürlichen Rohstoffen wie Stärke oder Zellulose gewonnene Süßstoffe, z.B. *Sorbit, Mannit und Xylit.* Ihre Süßkraft liegt unter der von *Saccharose*. Sie enthalten auch Kalorien. Ihr wichtigster Vorteil: Sie sind für Diabetiker geeignet. Zuckeraustauschstoffe können beim Verzehr größerer Mengen zu Blähungen, Durchfall und Übelkeit führen.

Sowohl künstliche Süßstoffe als auch Zuckeraustauschstoffe rufen keine Karies hervor und werden deshalb auch besonders von der Süßwarenindustrie gerne eingesetzt. Es ist jedoch noch nicht bekannt, welche längerfristigen Wirkungen diese Stoffe auf den Organismus haben. In der Vollwerternährung werden sie als stark konzentrierte und synthetische Stoffe abgelehnt.

Alternative Süßmittel

Auch die alternativen Süßmittel sind zum größten Teil industriell aufbereitete, konzentrierte Zucker und nicht unbedingt als vollwertige Lebensmittel anzusehen. Doch ist der in ihnen enthaltene Zucker wenigstens noch im natürlichen Verbund mit Mineralstoffen und Vitaminen, z.B. den Vitaminen des B-Komplexes. Allerdings finden sich diese Nährstoffe nur in relativ geringen Mengen. Im Vergleich zu dem hochraffinierten weißen Zucker schneiden die alternativen Süßmittel dennoch besser ab.

Zuckerrübensirup: Zuckerrüben werden gekocht, zerkleinert und gepreßt. Der so gewonnene Saft wird durch weiteres Kochen zu einem dicken Sirup eingedickt.

Zuckerrübensirup enthält zwischen 40 und 60 % Zucker, meist Glucose und Fructose. Er wird hauptsächlich zum Süßen von Desserts und Gebäck verwendet.

Ahornsirup: Ahornbäume werden im Frühjahr, noch vor der Blüte, angezapft, der herausfließende Saft wird gesammelt und durch Kochen eingedickt. Da für einen Liter Sirup etwa 40 Liter Saft benötigt werden, ist Ahornsirup relativ teuer. Im Naturkostladen angebotener Ahornsirup kommt weitgehend aus kontrolliert biologischem Anbau.

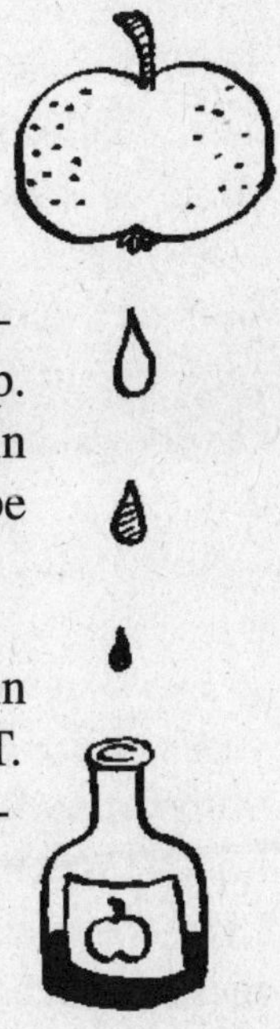

Lichtdurchlässigkeit und Aroma des Sirups bestimmen die Qualität. Je höher die Lichtdurchlässigkeit, desto qualitativ hochwertiger ist der Sirup. Grad A und B bezeichnen eine helle Farbe und ein mildes Aroma, Grad C und D eine dunklere Farbe und ein kräftig-würziges Aroma.

Fruchtdicksäfte: Apfel- oder Birnensaft wird in einer Vakuumanlage unter Druck eingedickt. z.T. werden vorher wärmeempfindliche Aromastoffe abgetrennt und nach dem Einkochen wieder zugesetzt. Um die Klärung zu beschleunigen können natürliche Fruchtenzyme zugesetzt werden. Weitere Verarbeitungsschritte können sein: Entsäuern, Pasteurisieren und Sterilisieren. Fruchtdicksäfte haben einen hohen Fructose-Anteil.

Gerstenmalz: Gerste wird gemälzt, d.h. sie wird gewässert und zum Keimen gebracht. Dabei baut ein Enzym Stärke in Maltose um. Die Sprossen werden gedarrt und geschrotet und unter Zugabe von warmem Wasser zu einer Maische verrührt. Die Maische wird gefiltert und im Vakuum zu sirupartigem Gerstenmalz eingedickt. Gerstenmalz hat einen deutlichen Eigengeschmack bei milder Süßkraft.

Trockenfrüchte: Eine der ältesten Konservierungsmethoden ist das Trocknen von Lebensmitteln. Der Wassergehalt wird auf unter 20 % abgesenkt, so daß zersetzenden Bakterien die Lebensgrundlage entzogen wird.

Trockenfrüchte haben einen hohen Zuckergehalt (60 bis 70 %, hauptsächlich Frucht- und Traubenzucker). Natürlich sind Trockenfrüchte nicht mehr so vollwertig wie frisches Obst, allerdings bleiben bei einer sachgemäßen Trocknung (nicht über 50° C, möglichst schnelle Trocknung, ohne Lichteinwirkung) viele Vitamine, Mineralstoffe und Nährstoffe relativ gut erhalten.

Übrigens sollte man gerade nach dem Verzehr von Trockenfrüchten darauf achten, die Zähne immer gründlich zu reinigen. Reste der süßen Fruchtstückchen setzen sich leicht zwischen die Zähne und schaffen dort für Kariesbakterien ein wunderbares Klima.

Die im Handel erhältlichen Trockenfrüchte sind oft mit Schwefeldioxid behandelt. Damit soll ein unerwünschtes Nachdunkeln verhindert werden. Ab 50 mg/kg schweflige Säure sind geschwefelte Früchte kennzeichnungspflichtig. Die gesetzlich zugelassenen Höchstmengen liegen allerdings weitaus höher. Bei Aprikosen darf beispielsweise bis zu 2.000 mg/kg schweflige Säure zugesetzt werden. Geschwefelte Produkte können gesundheitliche Beeinträchtigungen wie Übelkeit, Kopfschmerzen und Durchfall bewirken. Trockenfrüchte aus kontrolliert biologischem Anbau sind immer ungeschwefelt.

Eine weiteres Konservierungsmittel, das bei Trockenfrüchten eingesetzt wird, ist Methylbromid. Vor allem Rosinen, Datteln und Feigen werden damit begast, um Würmer, Insekten und Pilze abzutöten. In größeren Mengen eingeatmet verursacht Methylbromid Sehstörungen, Kopfschmerzen und Lähmungserscheinungen. Das Begasen mit Methylbromid ist nicht kennzeichnungspflichtig.

Im Naturkosthandel angebotene Trockenfrüchte sind i.d.R. nicht chemisch behandelt. Eine mögliche Form der Konservierung ist das Schockgefrieren. Dabei werden die Trockenfrüchte über einige Zeit bei sehr tiefen Temperaturen tiefgefroren, um Insekteneier oder Larven abzutöten.

Früchte kann man natürlich auch selbst trocknen. Bitte nur einwandfreies Obst verwenden! Das Obst waschen, wieder gut abtrocknen und gegebenenfalls kleinschneiden. Kleinere Mengen können auf einen Faden aufgefädelt werden (z.B. Apfelringe, entsteinte Pflaumen); weicheres Obst oder auch größere Mengen trocknet man am besten auf einem Rost. Die Früchte nicht in der vollen Sonne, sondern besser an einem schattigen, etwas luftigen Plätzchen trocknen.

Noch besser, schneller und vor allem vitaminschonender trocknet man die Früchte in einem speziellen Dörr- oder Trockenapparat (s. S.104), am besten natürlich mit der solarbetriebenen Variante!

... und Honig

Honig ist das „vollwertigste“ Süßmittel, denn zu seiner Gewinnung werden keine konzentrierenden oder raffinierenden Verfahren eingesetzt. So wie ihn die Biene als Wintervorrat einlagert, kann er auch verzehrt werden. Dazu holt der Imker die Waben aus den Bienenstöcken, befreit sie von der sie verschließenden Wachsschicht und schleudert mit Hilfe einer Honigschleuder den Honig heraus. Der Honig wird noch gefiltert, um ihn von Verunreinigungen wie Wachs oder Flügeln zu säubern. Naturbelassener Honig wird nun einfach abgefüllt. Er hat von der Wabe bis ins Honigglas die Temperatur von 40° C nicht überschritten.

Leider werden im konventionellen Handel oft Honige angeboten, die durch zu starkes Erhitzen wärmegeschädigt sind. Erhitzter Honig kann leichter, schneller und damit auch kostengünstiger verarbeitet werden. An seinem Aussehen und seiner Süßkraft ändert sich dadurch nichts, allerdings werden fast alle seiner wertgebenden und heilenden Inhaltsstoffe zerstört. Übrig bleibt ein Honig „minderer Qualität“.

Auch vor dem Lebensmittel Honig hat der „Fortschritt“ nicht haltgemacht. In industriellen Honigfarmen werden die Bienen mit Antibiotika behandelt, und es werden Chemikalien eingesetzt, um die Bienenstöcke frei von Parasiten zu halten. Schadstoffe aus der Luft und Pestizide aus der Landwirtschaft werden ebenfalls im Honig abgelagert. Guten Appetit! Imker, die nach Richtlinien für die biologische Bienenhaltung arbeiten, halten ihren Honig möglichst frei von diesen Giftstoffen. Standorte weitab von Industrieansiedlungen, Krankheitsvorsorge und -behandlung mit biologischen Mitteln sind Möglichkeiten, reineren Honig zu gewinnen. Es lohnt sich deshalb, den Honig entweder direkt bei einer bekannten, nach biologischen Methoden arbeitenden Imkerei oder im Naturkostladen zu kaufen.

Honig besteht zu 80 % aus Zucker (50 bis 80 % Glucose und Fructose, in kleineren Mengen Maltose, Saccharose und Mehrfachzucker). Daneben enthält Honig aber auch wertvolle Inhaltsstoffe wie Enzyme, Vitamine, Mineralstoffe, Spurenelemente und Hormone. Seine Zusammensetzung ist von Sorte zu Sorte unterschiedlich.

Das ganz spezielle Aroma des Honigs ist abhängig von der Pflanze, die den Bienen den Nektar lieferte. Es gibt sehr milde Honige, aber auch kräftig würzige. Am besten probiert man einige Honige aus, um die unterschiedlichen Geschmacksnuancen kennenzulernen.

Honig fördert durch seinen hohen Zuckergehalt in Verbindung mit seiner großen Klebrigkeit Karies. Also: Auch Honig nicht in größeren Mengen essen und an die Zahnhygiene denken!

Für die in diesem Buch vorgestellten Naschereien habe ich - außer Trockenfrüchten - stets Honig als Süßmittel verwendet. Damit der Honig geschmacklich nicht zu sehr dominiert, empfehle ich einen einfachen, milden Blütenhonig. Natürlich kann man auch andere Süßmittel wie Dicksaft oder Ahornsirup verwenden. Je nach Süßkraft und Geschmack verwendet man etwas mehr oder weniger Honig, als im Rezept angegeben ist.

Leider läßt es sich bei manchen Rezepten nicht vermeiden, den Honig zu erhitzen. Das wird dann wohl oder übel in Kauf genommen. Die Vorteile des „Lebensmittels" Honig gegenüber dem Zucker sind dennoch gravierend.

Um das Abmessen zu erleichtern, wird in den Rezepten Honig immer eßlöffelweise verwendet. Wer's lieber abwiegen möchte: **1 Eßlöffel Honig entspricht je nach Sorte 15 bis 20 g.**

Gesunde Zutaten

Die Lebensmittel, die wir für unsere süßen und pikanten Naschereien verwenden, sollten so naturbelassen wie möglich sein. Natürlich ist auch ein Bonbon aus Bio-Honig und -Sahne nicht gerade reine Vollwert-Lehre. Aber wenn schon, dann wenigstens mit gesunden Zutaten ohne künstliche Konservierungs- und Farbstoffe. Und wer sich sonst immer vollwertig ernährt,...

Wer soweit wie möglich Zutaten aus **kontrolliert biologischem Anbau** (z.B. Demeter, Bioland, ANOG) verwendet, tut nicht nur sich selbst etwas Gutes, sondern unterstützt auch den Umweltschutz. In der ökologischen Landwirtschaft wird auf den Einsatz von Kunstdüngern und chemischen Unkraut- und Schädlingsbekämpfungsmitteln konsequent verzichtet. Auch die Verarbeitung erfolgt möglichst schonend, z.B. werden Trockenfrüchte nicht geschwefelt. Diese „Lebens"mittel sind im Naturkostladen, im Reformhaus oder direkt beim Erzeuger erhältlich.

Weniger...

...ist mehr!

Bei **tierischen Produkten** wie Milch und Eiern sollte man darauf achten, daß diese aus einer artgerechten Tierhaltung stammen. Übrigens ist auch die „Bodenhaltung“ nicht das Gelbe vom Ei, denn auch hier müssen sich immer noch 10 Hühner einen Quadratmeter Stallboden teilen. Erst bei „Freilandhaltung“ kann man von glücklichen Hühnern sprechen. Je nach Betrieb stehen jedem Huhn 2,5 bis 10 Quadratmeter zur Verfügung.

Die Nahrungsmittel sollten so **naturbelassen wie möglich** sein. Mehl wird möglichst frisch gemahlen und nicht ausgesiebt. Zum Süßen stehen alternative Süßmittel wie Honig, Dicksäfte, Ahornsirup und Trockenfrüchte zur Verfügung. Bei Salz empfiehlt sich das mineralstoffreichere und jodhaltige Meersalz oder ein mit Kräutern gemischtes Kräutersalz. Als Treibmittel gibt es das magenfreundliche Weinsteinbackpulver.

Noch ein Wort zum Reizthema **„Schokolade oder Carob“**. Carob, auch bekannt unter dem Namen Johannisbrotkernmehl, gilt oft als die bessere Alternative zu Kakao. Das aus den Schoten des Johannisbrotbaums hergestellte Carob ist weniger fetthaltig als Kakao und vor allem frei von stimulierenden Wirkstoffen wie Theobromin und Coffein. Es wird wegen seiner Ähnlichkeit mit Kakao zu Carob-Schokolade und süßen Cremes verarbeitet und dient als Glasur für Rosinen, Riegel und Kekse. Eigentlich wird so ziemlich alles aus Carob hergestellt, was es auch aus Kakao oder Schokolade gibt. Meine ganz persönlich Meinung dazu: Carob sieht aus wie Schokolade, riecht wie Schokolade, schmeckt aber nach Carob.... Wenn schon, dann greife ich lieber gleich zur richtigen Schokolade. Die gibt es mittlerweile in kontrolliert biologischer Qualität im Naturkostladen zu kaufen, und sie schmeckt wirklich köstlich. Wer lieber Carob verwenden möchte, kann das natürlich gerne tun. In den Rezepten ist immer beides vorgesehen. Also: Schokolade oder Carob - reine Geschmackssache!

Tips für den Kindergeburtstag

Wenn sich Eltern heute über Kindergeburtstage austauschen, klingt das wie ein kleines Horrorszenario. Die lieben Kleinen müssen die ganze Zeit unterhalten werden. Kino, Planwagenfahrten oder ein engagierter Zauberer sind nicht ungewöhnlich. Zwischendurch werden die Kids mit Unmengen von Süßigkeiten vollgestopft, und abends gibt es ein Spezial-Kinderabendessen (das von mindestens 50 Prozent dieser Minibestien verschmäht wird). Die Gäste erwarten, daß sie eine Menge kleiner Geschenke und Preise mit nach Hause nehmen. Und wehe, wenn nicht!

Alleine ist das gar nicht mehr zu bewältigen. Da muß sich mindestens der Papa oder eine gute Freundin Urlaub nehmen. Oder man geht gleich zu McSowieso. Da ist man alles los. Extra ausgebildete Animateure kümmern sich darum, daß bloß keine Langeweile aufkommt.

Natürlich wissen alle, daß diese Art des Feierns einfach doof ist. Für alle Beteiligten. Denn auch die Kinder sind nach so einem Tag meistens nur aufgedreht und mehr oder weniger frustriert. Also, für alle, die es einmal anders probieren möchten, hier ein paar Tips:

Laden Sie nicht zu viele Kinder ein. Als Faustregel kann gelten: höchstens so viel Gäste, wie das Geburtstagskind Jahre alt wird, also 6 Gäste zum 6. Geburtstag.

Lassen Sie den „kleinen Gastgeber" an den Vorbereitungen teilhaben. Einladungskarten malen und verteilen, Tisch- und Zimmerdekoration basteln usw. können auch schon kleinere Kinder. Die Kinder sollen lernen, es ihren Gästen behaglich zu machen, eine durchaus nicht mehr selbstverständliche Fähigkeit. Übrigens, ein guter Gastgeber ist meist auch ein guter Gast!

Kinder haben Spaß am Selbermachen. Warum nicht einmal zum Abendessen Kinderpizza, die sich die Kinder selbst zubereiten dürfen? Keine Angst, das Chaos wird wahrscheinlich nicht allzu groß ausfallen. Sie bereiten den Teig zu und teilen ihn in kleine Portionen. Die Belagzutaten stehen in kleinen Schüsseln bereit. Die Kinder rollen sich ihr Teigstück selbst aus (sehr wichtig!) und können sich ihren Belag selbst zusammenstellen. Das können übrigens schon 2jährige. Da bleibt bestimmt nichts übrig!

Oder Sie lassen den traditionellen Geburtstagskuchen ausfallen und die Kinder „kochen" sich selbst etwas Leckeres zum Naschen. Das einfachste ist natürlich Popcorn, in allen Variationen. Dabei geht es meist auch sehr lustig zu. Aber auch viele der anderen Rezepte können von Kindern leicht zubereitet werden. Planen Sie hier ruhig größere Mengen ein. Was übrig bleibt, wird schön eingepackt und darf von den Gästen mit nach Hause genommen werden. Schließlich sind die Kinder ja sehr stolz auf ihre Resultate. Und so eine Tüte mit selbstgemachten Naschereien ist doch allemal besser als die sonst üblichen Mengen der kitschigen Kleinigkeiten, die sowieso gleich kaputt gehen und meist eine Menge Geld kosten.

Kinder sind kreativ, wenn man sie läßt. Auch wenn der Nachmittag nicht von Anfang bis Ende voll durchgestaltet ist, langweilig wird es ihnen wahrscheinlich trotzdem nicht. Spiele wie Topfschlagen und Blindekuh sind zwar megaout, aber den Kids wird schon etwas einfallen. Wer's nicht glaubt, kann ja vorsichtshalber ein paar Anregungen bereithalten, aber das reicht meist auch schon aus. Am einfachsten ist es, wenn man den ganzen Kindergeburtstag unter ein Motto stellt, z.B. eine Dinofete. Da kann man bei den Einladungskarten, dem Tischschmuck, Masken usw. die eigene Phantasie einsetzen, den Rest besorgen dann schon die Kinder.

Es sollte feste Spielregeln geben. Viele Eltern verlagern nicht zuletzt deshalb den Geburtstag ihrer Sprößlinge nach draußen, weil sie Angst um ihre Wohnung haben, leider nicht immer zu Unrecht. Eigentlich schade, oder? Dabei meine ich weder Dreck noch Unordnung, sondern beschmierte Tapeten, zerdepperte Lampen und ähnliche Heldentaten.

Ich denke jedoch, wenn die Kinder Bescheid wissen, daß es bestimmte Tabus gibt, können alle entspannt ein schönes Fest daheim genießen.

Versuchen Sie, möglichst wenig Streß

vor, während und nach dem Fest zu haben. Es gibt nichts Schlimmeres, als genervte, aufopfernde Eltern (die das natürlich auch ständig 'raushängen lassen). Wenn Ihnen etwas zuviel wird, dann lassen Sie es doch einfach bleiben oder vereinfachen das Ganze. Ihre Stimmung teilt sich ganz bestimmt auch den Gästen mit. Wie schon das alte Sprichwort sagt: „Wie man in den Wald hineinruft, ...“.

In diesem Sinne: Schönes Fest!

Geschenkideen

Selbstgemachte Naschereien, schön verpackt, sind begehrte Mitbringsel. Selbermachen ist „in“! Doch gerade hier muß die Verpackung nicht nur schön, sondern auch zweckmäßig sein. Denn selbst die leckersten Karamelbonbons kommen nicht an, wenn beim Auswickeln das Papier daran kleben bleibt. Also, was tun?

Man könnte natürlich all den Süßpapp einfach in Alu- oder Klarsichtfolie einpacken. Könnte man - aber das wollen wir der Umwelt zuliebe doch lieber nicht tun. Mit ein bißchen Köpfchen geht's nämlich auch anders.

❍ In gut sortierten Schreibwarengeschäften gibt es sogenanntes Wachspapier (auch Wachsschichtpapier genannt), ein mit Öl imprägniertes, wasserfestes Papier für Verpackungszwecke. Dieses Papier eignet sich wunderbar zum Einwickeln von Bonbons, Riegeln und anderen klebrigen oder leicht fettigen Naschereien. Wer's bunt mag, nimmt eben verschiedene Farben.

❍ Lose Knabbereien wie Studentenfutter, Gebäck oder Bananenchips lassen sich gut in ausrangierten Schraub- oder Twist-Off-Gläsern verschenken. Wenn der Deckel häßlich ist, kriegt er einfach ein Häubchen aus Stoff oder Papier verpaßt.

❍ Für Gebäck und andere nicht zu stark fettende Knabbereien kann man auch eine Tüte drehen oder eine Papierschachtel basteln. Und wer dabei auf Nummer Sicher gehen will, nimmt dafür auch Wachspapier (s.o.). Allerdings muß man damit sehr sorgfältig arbeiten, denn bei Wachspapier sieht man jede Falz- und Knickstelle.

❍ Aus einem Stoffrest oder einem Nickituch kann man eine Art Futtersäckchen binden oder nähen (je nach Talent). Darin kann man beispielsweise Nußmischungen gut verschenken.

❍ Kleine Süßigkeiten und Pralinen sollten auch schön präsentiert werden. In Haushaltsgeschäften gibt es dafür extra kleine Papierförmchen, für jede Praline eins. Man kann sich solch kleine Förmchen aber auch leicht selbst herstellen. Dazu schneidet man aus etwas festerem Papier (ggfs. Wachspapier, aber bitte kein Karton!) Kreise mit etwa 8 bis 10 cm Durchmesser aus. Über einer Flaschenöffnung formt man daraus kleine Körbchen. Normalerweise reicht das schon aus, die Körbchen sind recht stabil. Wer Lust hat, kann aber auch noch mit einem Faden (Haushaltskordel, Geschenkbändchen, Wollrest,...) das ganze fixieren. Bei der einfacheren Methode bindet man einfach eine Schnur außen herum, Nähgeübte können aber auch den Faden durch das Papier „reihen“ (d.h. etwa 1 cm vom Rand entfernt mit groben Stichen rundherum nähen) und dann zu einem Körbchen zusammenziehen. Eine Schleife binden, und es sieht aus wie vom Hofkonditor!

❍ Aus Marzipan lassen sich wunderschöne Figürchen herstellen. Wie wär's mit einem kleinen Jutesäckchen, gefüllt mit Marzipankartoffeln (S. 86)? Oder einer kleinen Marzipankatze als Dankeschön fürs Katzenhüten? Erlaubt ist, was gefällt...

❍ Gebäckdosen aus dem Haushaltswarengeschäft werden auch zum sehr viel persönlicheren Geschenk, wenn sie mit selbstgemachten Knabbereien gefüllt sind. Ein schönes Geschenk, nicht nur zur Weihnachtszeit!

❍ Ein Eisportionierer, zusammen mit einer Portion Vollwert-Eis - ein tolles Geschenk, vor allem im Hochsommer!

❍ Um noch einmal auf das Verpackungsmaterial zurückzukommen: Popcorn „natur" (ohne alles) eignet sich wunderbar als Füllmaterial. Statt Styroporchips!

❍ Natürlich darf bei all diesen Geschenken eine Anleitung zum Nachmachen nicht fehlen!

❍ Die meisten Vollwert-Schleckereien gehören in den Kühlschrank und sind nicht unbegrenzt haltbar. Bitte sagen Sie dies auch den Beschenkten. Meist werden Sie jedoch ohnehin recht schnell gegessen.

Riegel, Schnitten & Bällchen

Riegel machen mobil, bei Arbeit, Sport und Spiel... Die Werbung weiß es schon lange: Riegel oder ihre kleinen Verwandten, die Kugeln, sind ideal als kleine Mahlzeit für unterwegs. Auf Vorrat produziert und gut verpackt kann man sie bei Bedarf schnell einstecken für den Fall, daß der kleine Hunger kommt.

Doch damit man nicht demnächst selbst als Kugel durch die Gegend rollt: Auch wenn die hier vorgestellten Rezepte nicht so süß sind, darf man allerdings nicht vergessen, daß es sich hier um kleine Kalorienbomben handelt, sozusagen konzentrierte Nährstoffdepots. Aber das kann ja durchaus erwünscht sein, beispielsweise für die kurze Pause beim Sport, als Reiseproviant oder in einer Prüfung.

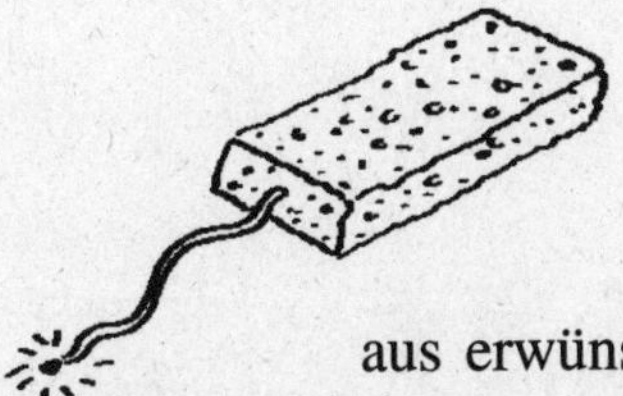

Die fertigen Riegel sollten im Kühlschrank aufbewahrt werden. Für unterwegs schlägt man sie in Butterbrotpapier oder Wachspapier ein oder nimmt sie, noch besser, in der wiederverwertbaren Brotdose mitnehmen.

Fruchtschnitten

250 g Dörrobst / 4 EL Fruchtsaft (z.B. Apfelsaft) / 125 g Walnüsse / 125 g geschälte Mandeln / 125 g Rosinen / 75 g Butter / 3 EL Honig / 2 Eier / 100 g Mehl / 2 TL Weinsteinbackpulver / Vollkornbackoblaten

Das Dörrobst in kleine Stückchen schneiden und mit dem Saft vermischt einige Stunden ziehen lassen. Die Nüsse mit einem großen Messer hacken. Die Butter mit dem Honig und den Eiern schaumig rühren. Mehl und Backpulver mischen und ebenfalls unterrühren. Dörrobst, Nüsse und Rosinen dazugeben und gut vermischen.

Die Masse mit einem feuchten Messer ca. 15 mm dick auf die Oblaten streichen und mit einer Oblate abdecken. Auf einem Backblech im vorgeheizten Backofen bei 150° C 15-20 Minuten backen. Sollten die oberen Oblaten zu sehr bräunen, mit einem Stück Pergamentpapier abdecken.

Die Fruchtriegel abkühlen lassen. Im Kühlschrank oder in einer gut verschließbaren Dose aufbewahren.

Mandelschnitten

250 g Mandeln / 60 g Vollkornflocken / 1EL Butter / 4 EL Honig / 100 g Sesam

Die Mandeln kurz mit kochendem Wasser überbrühen, mit kaltem Wasser abschrecken und die braunen Häutchen abziehen. Etwa 2 Eßlöffel der Mandeln hacken, den Rest fein mahlen. Die Vollkornflocken in der Butter anrösten, bis sie knusprig sind. Den Honig in einem Topf vorsichtig erhitzen, bis er gerade flüssig wird, dann die gehackten und die gemahlenen Mandeln und die gerösteten Vollkornflocken unterrühren.

In einer trockenen Pfanne den Sesam unter Rühren erhitzen, bis er leicht zu bräunen beginnt und gut duftet. Eine flache Auflaufform mit Pergamentpapier auslegen und mit der Hälfte des Sesams ausstreuen. Die Mandel-Honig-Masse darauf verteilen und etwas andrücken. Den restlichen Sesam daraufstreuen. Im Kühlschrank 2 Stunden abkühlen lassen. Mit einem scharfen Messer in Riegel schneiden. Die Riegel in Pergamentpapier verpacken und im Kühlschrank aufbewahren.

Wer keinen Sesam mag, kann statt dessen auch Mandeln oder Pistazien nehmen. Oder einfach aus der Mandel-Honig-Masse mit feuchten Händen kleine Kugeln formen.

Energieschnitten

150 g Dörrpflaumen / 3 EL Apfelsaft / 100 g Weizen / 50 g Hafer / 1/8 l Wasser / 50 g gemahlene Haselnüsse / 1 EL Zitronensaft / 1-2 EL Honig / Vollkornoblaten

Die Dörrpflaumen in kleine Stückchen schneiden, mit dem Apfelsaft beträufeln und über Nacht ziehen lassen. Weizen und Hafer fein schroten und mit dem Wasser verrühren. Zugedeckt über Nacht im Kühlschrank quellen lassen. Am Morgen überschüssiges Wasser abgießen, den Frischkornbrei mit der Hand noch leicht trockendrücken.

Alle Zutaten bis auf die Oblaten im Mixer gut miteinander vermischen. Immer eine Oblate mit der Masse bestreichen und mit einer Oblate abdecken. Die Riegel für unterwegs in Pergamentpapier verpacken.

Sollte die Masse zu feucht sein, können noch mehr gemahlene Haselnüsse untergeknetet werden. Sollte sie zu trocken sein, noch etwas Apfel- oder Zitronensaft zugeben.

Sojanußkugeln

100 g Sojanüsse (S. 49) / 100 g Rosinen /
50 g Sonnenblumenkerne / 2 EL Honig / 40 g Sesam

Die Sojanüsse grob hacken. Die Rosinen sehr fein schneiden, die Sonnenblumenkerne hacken. Sojanüsse, Rosinen und Sonnenblumenkerne mit dem Honig zu einer kompakten Masse verkneten und kleine Kugeln daraus formen.

Den Sesam in einer trockenen Pfanne anrösten, bis er zu duften beginnt. Die Kugeln in den Sesamsamen wälzen.

Kokosbälle

*100 g Sojanüsse (S. 49) / 100 g Aprikosen /
50 g Kokosflocken / 75 g Rosinen / 50 g feine Haferflocken /
2 El Honig / 1 EL Zitronensaft / Kokosflocken*

Die Sojanüsse fein hacken, die Aprikosen fein schneiden. Die Kokosflocken in einer trockenen Pfanne leicht anrösten. Alle Zutaten bis auf die ungerösteten Kokosflocken miteinander zu einer festen Masse verkneten und zu kleinen Kugeln formen. In Kokosflocken wenden.

Pistazienbälle

100 g Sojanüsse (S. 49) / 100 g entkernte Datteln / 50 g gemahlene Mandeln / 75 g Rosinen / 50 g feine Haferflocken / 2 El Honig / 1-2 EL Wasser / 50 g Pistazien

Die Sojanüsse fein hacken, die Datteln fein schneiden. Alle Zutaten bis auf die Pistazien miteinander zu einer festen Masse verkneten und zu kleinen Kugeln formen. Die Pistazien fein hakken und die Kugeln darin wälzen.

Statt der Kugeln kann man auch eine Rolle aus der Masse kneten und diese in den gehackten Pistazien wälzen. Die Rolle für mindestens 30 Minuten kühl stellen, dann in zentimeterdicke Stücke schneiden. Diese Taler schön auf einem Teller anrichten.

Aprikosenriegel

200 g getrocknete Aprikosen / 4 EL Honig /
100 g gemahlene Haselnüsse / 1 Zitrone /
50 g gehackte Haselnüsse / Vollkornoblaten

Die Aprikosen mit dem Honig, den gemahlenen Haselnüssen und dem Zitronensaft im Mixer zu einer homogenen Masse verarbeiten. Die gehackten Haselnüsse dazugeben und unterrühren. Immer eine Oblate mit der Masse bestreichen und mit einer Oblate abdecken. Die Riegel für unterwegs in Pergamentpapier verpacken.

Sollte die Masse noch zu feucht sein, können noch gemahlene Haselnüsse untergeknetet werden. Sollte sie zu trocken sein, noch etwas Zitronensaft zugeben.

Bunte Marzipankugeln

50 g Marzipan / 2 EL feine Haferflocken / 2 EL Trockenobst / 2 EL Kokosflocken / 2 EL gerösteten Sesam / 2 EL gehackte Pistazien

Das Trockenobst sehr fein schneiden. Mit dem Marzipan und den Haferflocken gut verkneten. Die Masse zu kleinen Kugeln formen. Je ein Drittel der Kugeln in Kokosflocken, Sesam und Pistazien wälzen. Die Kugeln 2 Stunden im Kühlschrank fest werden lassen.

In einer Schale schön angerichtet oder auch mal als Garnierung auf einer Torte sind die Kugeln eine Freude fürs Auge. Sie eignen sich aber in Papier verpackt auch gut für unterwegs.

Nußknabbereien

Wenn es beim Knabbern so richtig kernig und krachig klingt, sind bestimmt Nüsse im Spiel. Daß einige der nachfolgenden Knabberrezepte gar keine „richtigen“ Nüsse enthalten, stört wahrscheinlich keinen großen Geist.

Nüsse sind nicht unbedingt Schlankmacher. Man kann sie als konzentrierte Ballung von Nährstoffen ansehen. Neben einem hohen Anteil an Fetten (40 bis 70 %) und Eiweiß (bis zu 30 %) enthalten sie aber auch wertvolle Mineralstoffe, Vitamine und Spurenelemente. Deshalb gilt für die folgenden Rezepte: Lassen Sie's ruhig mal krachen!

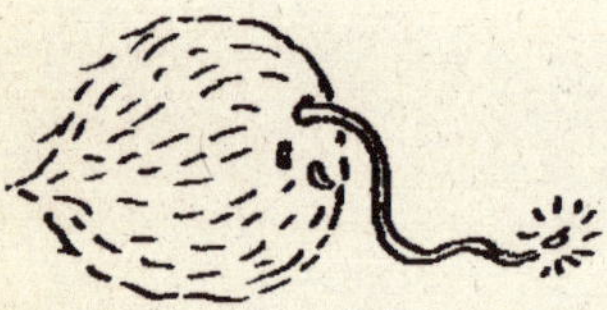

Sojanüsse

3 Tassen Sojabohnen / Wasser zum Einweichen / evtl. 2-3 TL Sojasauce oder 1 TL Kräutersalz

Die Sojabohnen mit reichlich Wasser bedeckt über Nacht einweichen. Das Einweichwasser abschütten. Die Sojabohnen ohne Öl so auf einem Backblech verteilen, daß sie nicht übereinanderliegen. Im Backofen bei mittlerer Hitze 20-30 Minuten rösten, bis die Sojabohnen goldgelb und knackig sind. Sie sollen nicht zu stark bräunen! Mit Sojasauce oder Kräutersalz abschmecken.

Die Sojanüsse können in einer gut schließenden Dose einige Zeit aufbewahrt werden. Vor dem Servieren noch einmal kurz in einer trockenen Pfanne rösten, dann schmecken sie wieder frisch und knackig.

Ungesalzen schmecken Sojanüsse übrigens auch im Müsli und in Salaten. Sie dienen auch als „Grundstoff“ für andere gesunde Naschereien.

Buchweizenknabberei

3 Tassen Buchweizen / Öl für die Pfanne / Kräutersalz oder Gemüsebrühe

Das Öl in der Pfanne erhitzen und den Buchweizen unter Rühren kurz rösten. Mit Kräutersalz oder Gemüsebrühe würzen.

Diese Knabberei ist schnell gemacht und schmeckt kalt oder warm köstlich.

Studentenfutter

100 g Rosinen / je 50 g süße Mandeln, Haselnüsse, Walnüsse, ungesalzene Erdnüsse, Cashewkerne

Alle Zutaten gut miteinander vermischen. In einem gut verschließbaren Glas aufbewahren oder am besten gleich „wegfuttern“.

Studentenfutter hat seinen Namen wahrscheinlich daher, daß es als Nervennahrung gilt. Tatsächlich sind Nüsse reich an B-Vitaminen sowie Calcium und Kalium. Sie haben außer dem bekannt hohen Fettanteil (um 60 %) auch relativ viel Eiweiß (ca. 20 %). Naja, und gut schmecken sie sowieso.

Bei einem selbstgemischten Studentenfutter kann man natürlich besonderen Vorlieben Rechnung tragen. Wer gerne Rosinen ißt, erhöht einfach den Rosinenanteil, wer gegen Haselnüsse allergisch ist, ersetzt diese durch eine andere Nuß...

Knabbermandeln

250 g süße Mandeln / 20 g Butter / 2 EL Gomasio

Die Mandeln kurz mit kochendem Wasser überbrühen, in ein Sieb geben und mit kaltem Wasser abschrecken. Die braunen Häutchen abziehen und die Mandeln trockentupfen. Die Butter in einer Pfanne erhitzen und die Mandeln unter ständigem Rühren in 10 Minuten darin hellbraun rösten. Noch heiß mit dem Gomasio bestreuen.

Gomasio ist eine Köstlichkeit aus der makrobiotischen Küche. Es besteht aus einer Mischung von Salz und geröstetem Sesam. Gomasio ist im Naturkostladen erhältlich, man kann es aber auch leicht selbst herstellen: 1 Teil Meersalz in einer trockenen Pfanne rösten und im Mörser fein zerstoßen. 10 Teile Sesam ebenfalls in einer trockenen Pfanne rösten, bis die Körnchen gleichmäßig braun sind und sich mit den Fingern leicht zerkrümeln lassen. Ebenfalls im Mörser fein zerstoßen. Salz und Sesampulver miteinander mischen.

Gomasio schmeckt frisch am besten und sollte daher nur in kleinen Mengen hergestellt werden. In einem Schraubglas im Kühlschrank aufbewahrt behält es am besten sein Aroma.

Krokant-Ecken

200 g süße Mandeln / 10 EL Honig / Öl zum Bestreichen

Die Mandeln kurz mit kochendem Wasser überbrühen, in ein Sieb geben und mit kaltem Wasser abschrecken. Die braunen Häutchen abziehen und die Mandeln grob hacken.

Den Honig in einer Pfanne unter ständigem Rühren in etwa 5 Minuten karamelisieren lassen. Die Mandeln dazugeben und unterrühren, bis sie sich richtig mit dem Honig verbunden haben.

Ein Backblech mit Pergamentpapier auslegen und mit Öl bestreichen. Die Masse dünn aufstreichen und leicht abkühlen lassen. Mit dem Messerrücken auf der noch weichen Krokantmasse Dreiecke einkerben. 10 Minuten kalt stellen, die Dreiecke lassen sich nun leicht abbrechen.

Bis zum Verzehr in einer Dose oder einem Schraubglas trokken und luftdicht aufbewahren.

Statt Mandeln kann man auch Haselnüsse oder Erdnüsse verwenden. Auch Kokoskrokant schmeckt sehr lecker!

Carob-Nüsse

2 Carob-Riegel à 75 g / 1-2 EL Wasser / 1 EL Butter / 150 g Nüsse (z.B. Haselnüsse, Mandeln, Walnüsse)

Die Carob-Riegel in grobe Stücke brechen und im Wasserbad schmelzen. Soviel Wasser unterrühren, daß eine dickflüssige Glasur entsteht.

Die Nüsse in der heißen Butter anrösten und mit Hilfe einer Gabel in die Carob-Glasur tauchen. Auf einem Rost abtropfen und erstarren lassen.

Die Carob-Nüsse in einem Deckelglas aufbewahren.

Wer mag, kann natürlich auch statt der Carob-Riegel Schokolade nehmen. Im Naturkostladen gibt es mittlerweile davon ein recht breites Angebot.

Eine ähnlich leckere Nascherei sind Carob-Rosinen. Dazu werden Rosinen in die Carob-Glasur getaucht und dann zu kleinen Häufchen auf ein Pergamentpapier zum Trocknen gesetzt.

Kekse und Knabbergebäck

Kennen Sie das auch: die Wohnung ist frisch geputzt, Küchenschränke und Keller sind wohlgefüllt, und die neue Frisur sieht eigentlich gar nicht so schlecht aus - und garantiert kommt kein Mensch vorbei. Überraschender Besuch kommt nämlich garantiert dann, wenn sich im Badezimmer die Schmutzwäsche türmt und auch die restlichen Räume im Chaos zu versinken drohen. Wenn nichts, aber auch nichts Präsentables mehr im Kühlschrank ist und man selbst in Jogginghosen und den alten Puschen nicht ganz so vorzeigbar ist. Das sind dann Tage, die es mit möglichst viel Würde zu meistern gilt. Wenigstens das Problem der Verköstigung läßt sich lösen: Backen Sie doch schnell ein paar Kekse oder was zum Knabbern. Wenn der Besuch schon da ist, macht das auch nichts. Dann setzen Sie ihn einfach mit einer Tasse Kaffee in die Küche dazu und klönen ein bißchen beim Backen. In der Küche ist es sowieso meistens am gemütlichsten. Das Keksebacken geht fix, und da das kleine Gebäck auch erfreulich schnell ausgekühlt ist, können Sie es sich schon kurz darauf gemütlich machen. (Daß die Küche dann wahrscheinlich noch verheerender aussieht, darüber decken wir großzügig das Mäntelchen des Schweigens...)

Die Kekse und anderen Knabbersachen können, luftdicht in einer Gebäckdose aufbewahrt, auch schon mal einige Tage auf Vorrat gebacken werden. Aber wahrscheinlich werden sie schon vorher aufgespürt und weggefuttert. Wenn dann mal wieder überraschend Besuch kommt, ...

Hefestangen

250 g Weizen / 1 TL Meersalz / 100 ml lauwarmes Wasser / 30 ml Öl / 30 g Hefe

Den Weizen fein mahlen. Alle Zutaten gründlich zu einem glatten Teig verkneten. Aus dem Teig lange, dünne Stangen formen und mit etwas Mehl bestäuben. Die Stangen auf einem gefetteten Backblech im Backofen bei 200° C backen, bis die Stangen leicht zu bräunen beginnen. Kalt oder warm servieren.

Hefestangen sind sehr schnell gemacht, vor allem wenn man eine Küchenmaschine hat, die den Teig quasi nebenbei rührt. Der Teig muß nicht gehen!

Hefestangen sind auch sehr lecker als Beilage zu einem bunten Rohkostsalat oder einer herzhaften Suppe.

Der Teig kann auch als Unterlage für Pizza oder Gemüsekuchen genommen werden. Er reicht für ein Blech.

Gorgonzolaplätzchen

200 g Gorgonzola / 150 g Butter / 100 ml süße Sahne / 1/2 TL Salz / 300 g Weizen / 1 TL Backpulver / 1 Eigelb / 1 EL Wasser / Mohn, Sesam, Kümmel, gehackte Pistazien, süße Mandeln

Den Käse mit einer Gabel zerdrücken und mit der weichen Butter, Sahne und Salz verrühren. Den Weizen fein mahlen und mit dem Backpulver mischen. Mit der Käsemasse zu einem Mürbeteig verkneten. Den Teig im Kühlschrank zugedeckt 2 Stunden ruhen lassen.

Den Teig portionsweise etwa 5 mm dick auf einer bemehlten Fläche ausrollen und mit Förmchen Plätzchen ausstechen. Wer's eilig hat, kann auch mit dem Teigrädchen oder einem scharfen Messer Rechtecke ausschneiden. Die Plätzchen auf ein gefettetes und bemehltes Backblech setzen. Das Eigelb mit dem Wasser verquirlen und die Plätzchen damit bestreichen. Mit Mohn, Sesam, Kümmel oder gehackten Pistazien bestreuen und dann bei 200° C im vorgeheizten Backofen 10-15 Minuten backen. Auf einem Kuchengitter auskühlen lassen.

Paprikakugeln

250 g Weizen / 20 g Hefe / 3 EL lauwarme Milch / 1 Ei / 1 TL Meersalz / 150 g Butter / 1 Eigelb / 1 EL süße Sahne / Paprikapulver

Den Weizen fein mahlen und in eine Schüssel geben. Eine Mulde hineindrücken. Die Hefe hineinbröseln und mit der lauwarmen Milch und etwas Mehl zu einem Vorteig verrühren. Zugedeckt an einem warmen Ort 15 Minuten gehenlassen.

Das Ei und das Salz dazugeben und unterrühren. Die Butter schmelzen und löffelweise zu dem Teig kneten. Den Teig kräftig kneten.

Aus dem Teig kleine Kugeln rollen und auf ein mit Backpapier ausgelegtes Backblech setzen. Das Eigelb mit der süßen Sahne verquirlen und die Kügelchen damit bestreichen. Mit Paprikapulver kräftig bestäuben.

Im vorgeheizten Backofen bei mittlerer Hitze etwa 20 Minuten backen. Auf einem Rost abkühlen lassen.

In einer fest verschließbaren Dose sind die Paprikakugeln etwa 1-2 Wochen haltbar.

Käserauten

6 Eier / 75 g süße Sahne / 1 TL Salz / Muskat /
150 g Weizen / 150 g Bergkäse

Die Eier trennen. Die Eigelb mit der Sahne und den Gewürzen gut verrühren. Den Weizen fein mahlen, den Bergkäse fein reiben. Beides unter die Eiermasse rühren. Das Eiweiß zu steifem Schnee schlagen und vorsichtig unterheben.

Ein Backblech mit Pergamentpapier auslegen und die Biskuitmasse daraufstreichen. Auf die mittlere Einschubleiste in den kalten Backofen schieben und bei 200° C 30 Minuten backen.

Den Biskuitteig kurz abkühlen lassen, stürzen und das Pergamentpapier abziehen. Die Biskuits in Rauten schneiden und abgekühlt zum Knabbern servieren.

Käserauten sind auch eine leckere Vorspeise. Sollten einmal welche übrigbleiben, lassen sie sich gut als Suppeneinlage verwerten.

Käsegebäck

200 g Bergkäse / 150 g Butter / 100 ml süße Sahne / 1/2 TL Salz / 1-2 TL Paprika, edelsüß / 250 g Weizen / 1 TL Backpulver / 1 Eigelb / 1 EL Wasser / Mohn, Sesam, Kümmel, gehackte Pistazien, süße Mandeln

Den Käse fein reiben und mit der weichen Butter verrühren. Sahne, Salz und Paprikapulver dazugeben. Den Weizen fein mahlen und mit dem Backpulver mischen. Mit der Käsemasse zu einem Mürbeteig verkneten. Den Teig im Kühlschrank zugedeckt 2 Stunden ruhen lassen.

Den Teig portionsweise etwa 5 mm dick auf einer bemehlten Fläche ausrollen und mit Förmchen Plätzchen ausstechen. Wer's eilig hat, kann auch mit dem Teigrädchen oder einem scharfen Messer Rechtecke ausschneiden. Die Plätzchen auf ein gefettetes und bemehltes Backblech setzen. Das Eigelb mit dem Wasser verquirlen und die Plätzchen damit bestreichen. Mit Mohn, Sesam, Kümmel, gehackten Pistazien bestreuen oder ganze süße Mandeln in den Teig drücken. Bei 200° C im vorgeheizten Backofen 10-15 Minuten backen. Auf einem Kuchengitter auskühlen lassen.

In einer gut schließenden Dose halten sich die Plätzchen einige Tage frisch.

Salzstangen

200 g Weizen / 1/2 TL Kümmel / 1/2 TL schwarzer Pfeffer / 1/8 l Wasser / 20 g Hefe / 1 TL Meersalz / Kümmel und grobes Salz

Den Weizen mit dem Kümmel und dem schwarzen Pfeffer mischen und fein mahlen. Wasser, Hefe und Salz dazugeben und gut verkneten. Den Teig zugedeckt eine halbe Stunde gehenlassen. Nochmals kurz durchkneten. Aus dem Teig Stangen formen, so dick wie ein kleiner Finger und etwa doppelt so lang. Kümmel und grobes Salz mischen, auf eine saubere Unterlage streuen und die Stangen darin wälzen. Auf einem gefetteten Blech nochmals 10 Minuten gehenlassen.

Den Backofen auf 200° C vorheizen und die Stangen von beiden Seiten jeweils 10 Minuten backen.

Käsesteckerl

200 g Weizen / 1/2 TL Kümmel / 40 g Bergkäse / 1 Ei / 50 g Butter / 2 EL lauwarme Milch / 20 g Hefe / 1/2 TL Meersalz / 1 Eigelb / 1 EL Wasser / Mohn, Kümmel oder Sesam

Den Weizen mit dem Kümmel mischen und fein mahlen. Den Käse fein reiben und untermischen. Das Ei, die weiche Butter und das Salz dazugeben. Die Hefe mit der lauwarmen Milch anrühren, zum Weizen geben und gut verkneten. Den Teig zugedeckt eine halbe Stunde gehenlassen. Nochmals kurz durchkneten.

Aus dem Teig Stangen formen, so dick wie ein kleiner Finger und etwa doppelt so lang. Die Stangen auf einem gefetteten Blech nochmals 10 Minuten gehenlassen. Das Eigelb mit etwas Wasser verrühren und die Stangen damit bestreichen. Mit Mohn, Sesam oder Kümmel bestreuen.

Den Backofen auf 200° C vorheizen und die Salzstangen etwa 20 Minuten backen.

Mandel-Schnitten

150 g Rosinen / 350 g Weizen / 2 TL Backpulver /
60 g gemahlene Mandeln / 50 g Kakao- oder Carobpulver /
1/2 Vanilleschote / 250 g weiche Butter /
4 EL Honig / 4 EL Joghurt
Belag: 100 g Butter / 5 EL Honig / 125 g Mandelblättchen

Die Rosinen 15 Minuten in heißem Wasser einweichen, gut abtropfen lassen. Den Weizen fein mahlen. Das Mehl mit dem Backpulver, die gemahlenen Mandeln, das Kakao- oder Carobpulver und das Mark der Vanilleschote in eine Schüssel geben und gut miteinander vermischen. Die Rosinen dazugeben. Die weiche Butter mit dem Honig und dem Joghurt verrühren und ebenfalls dazugeben und gut durchrühren.

Den Teig auf ein gefettetes Backblech (evtl. den Rand noch mit Papierstreifen erhöhen) geben und glattstreichen.

Für den Belag die Butter erhitzen, Honig und Mandelblättchen darin kurz rösten. Abkühlen lassen und auf den Teig streichen. Im vorgeheizten Backofen bei 180° C 30 Minuten backen. Nach dem Erkalten in Schnitten schneiden.

Die Schnitten in einem luftdichten Behälter an einem kühlen Ort aufbewahren. Auf Vorrat gebacken lassen sie sich auch einfrieren. Nach dem Auftauen noch mal kurz aufbacken; sie schmekken dann wie frisch zubereitet.

Müsli-Ecken

100 g Weizen / 2 Eier / 200 g Müsli / 1 Prise Salz / 2 TL Zimt / 1 TL Ingwerpulver / 2 EL Öl / 2 EL Honig / ca. 1/8 l Wasser / Flocken zum Garnieren

Den Weizen fein mahlen, die Eier trennen. Mehl, Müsli und Gewürze mischen. Öl, Eigelb, Honig und Wasser miteinander verrühren und zu der Mehlmischung geben. Das Eiweiß zu steifem Schnee schlagen und vorsichtig unter den Teig heben.

Den Teig auf ein gefettetes Backblech geben und mit Flocken bestreuen. Im vorgeheizten Backofen bei 200° C in 20 Minuten backen. Das Blech herausnehmen und aus dem noch warmen Teig Quadrate oder Dreiecke schneiden. Abkühlen lassen und in einer luftdicht schließenden Dose aufbewahren.

Aus dem Teig lassen sich auch leicht Buchstaben formen. Dazu nur soviel Wasser verwenden, daß ein modellierbarer Teig entsteht. Nun können daraus große Buchstaben geformt werden. Eine lustige Idee für den Kindergeburtstag. Die Buchstaben im Ofen backen, bis sie zu bräunen beginnen.

Zimt-Kekse

200 g Weizen / 2 EL Kakao- oder Carobpulver / 1 TL Weinsteinbackpulver / 3 EL Honig / 2 TL Zimt / 50 g weiche Butter

Den Weizen fein mahlen. Mehl, Kakao- oder Carobpulver und Backpulver mischen. Die restlichen Zutaten gut unterrühren.

Den Teig eine halbe Stunde im Kühlschrank ruhen lassen. Auf einer bemehlten Fläche ausrollen und mit einem Glas oder einem Förmchen Kreise ausstechen. Die Plätzchen auf einem gefetteten Backblech bei 180° C 20 Minuten backen. Auskühlen lassen und in einer luftdicht schließenden Dose aufbewahren.

Maiskekse

70 g Mais / 70 g Weizen / 1 TL Weinsteinbackpulver / 2 Zitronen / 50 g weiche Butter / 1 Ei / 1 EL Honig / 1 Prise Salz

Mais und Weizen fein mahlen, mit dem Backpulver mischen. Die Zitronen mit heißem Wasser abwaschen. Die Schale ganz dünn abschälen und fein hacken. Zusammen mit dem Zitronensaft und den restlichen Zutaten zum Mehl geben und zu einem glatten Teig verarbeiten.

Den Teig in eine Schüssel geben und zugedeckt im Kühlschrank mindestens 30 Minuten ruhen lassen.

Mit der Hand kleine Kekse aus dem Teig formen und auf ein gefettetes Backblech setzen. Im vorgeheizten Backofen bei mittlerer Hitze 15-20 Minuten backen. Auf einem Rost abkühlen lassen.

Maiskekse sind weder besonders süß noch salzig und eignen sich deshalb auch als kleine Knabberei zwischendurch. Vor allem kleinere Kinder, die ja noch nicht so salzig essen sollen, mögen sie sehr gerne. Nicht zuletzt wegen ihrer schönen gelben Farbe.

Erdnußkekse

175 Weizen / 125 g Butter / 1 EL Honig /
3 EL Kakao- oder Carobpulver / 1 Eiweiß /
1 Prise Salz / 50 g Erdnüsse

Den Weizen fein mahlen. Butter und Honig schaumig rühren, Mehl und Kakao- oder Carobpulver zugeben und zu einem festen Teig verkneten. Den Teig auf einer bemehlten Unterlage etwa 5 mm dick ausrollen und mit einem Förmchen oder einem Glas runde Plätzchen ausstechen. Die Plätzchen auf ein gefettetes Backblech setzen.

Das Eiweiß mit einer Prise Salz zu steifem Schnee schlagen. Die Erdnüsse fein hacken. Die Plätzchen mit dem Eischnee bestreichen. Die gehackten Erdnüsse daraufstreuen und vorsichtig andrücken.

Im vorgeheizten Backofen bei 180° C in 15 Minuten backen, bis die Plätzchen knusprig und die Erdnüsse goldbraun sind.

Erdnußkekse in einer gut schließenden Gebäckdose aufbewahren. Sie schmecken gut in der kleinen Pause zwischendurch oder zum Nachmittagstee.

Kokos-Zwieback

500 g Weizen / 30 g Hefe / 1 EL Honig / 1 MSP Salz / 400 ml Wasser / 100 ml Öl / weiche Butter zum Bestreichen / Kokosraspeln

Den Weizen fein mahlen. Mit Hefe, Honig, Salz, Wasser und Öl zu einem geschmeidigen Hefeteig verkneten. Zugedeckt an einem warmen Ort etwa eine halbe Stunde gehenlassen. Den Teig in eine gefettete Kastenform füllen und nochmals gehenlassen. Mit einem sehr scharfen Messer in der Kastenform in Scheiben schneiden (alle 1 - 1,5 cm). Im vorgeheizten Backofen bei 200° C 1 Stunde backen.

Herausnehmen und etwas abkühlen lassen.

Den Kuchen an den Einschnittstellen in Scheiben schneiden. Die Scheiben auf ein gefettetes Backblech legen und dünn mit weicher Butter bestreichen. Kokosraspeln draufstreuen und leicht andrücken. Im Backofen bei 100° C nochmals eine Stunde backen. Sollten die Kokosraspeln dabei zu dunkel werden, mit Pergamentpapier abdecken.

Kokoszwieback ist eine leckere kleine Zwischenmahlzeit, schmeckt aber auch - mit oder ohne Butter - zum Nachmittagstee.

Eis und Geeistes

Eis schmeckt lecker, vor allem im Sommer. Und wenn dann auch noch die Zutaten stimmen, ist es sogar ein gesunder „Genuß ohne Reue".

Man unterscheidet zwischen Fruchteis auf der Basis von Früchten oder Fruchtsäften und Milcheis auf der Basis von Milch und Milchprodukten. Letzteres ist in der Regel gehaltvoller, sollte deshalb also wie eine kleine Zwischenmahlzeit behandelt werden.

Voraussetzung zur Eisherstellung ist natürlich Kälte. Es gibt dabei - wie auch sonst im Leben - verschiedene Wege zum Glück:

○ Man kann die Masse entweder einfach in den Gefrierschrank oder in das Gefrierfach des Kühlschranks stellen. Das ist der einfachste Weg.

Er leidet an chronischem Eismangel.

❍ Die klassische Methode der Physikfreaks: Man braucht Eiswürfel (aus Wasser!), die man grob zerstößt. Das geht beispielsweise, wenn man sie in ein Küchenhandtuch packt und mit einem Nudelholz oder einem Hammer draufklopft. Das zerstoßene Eis wird nun etwa im Verhältnis 10:2 mit Salz gemischt, d.h. 1 Liter gefrorenes Wasser mit 200 Gramm Salz. Das Salz bringt das Eis zum Schmelzen, die dabei nötige Energie holt es sich in Form von Wärme aus der Umgebung. Dieses physikalische Phänomen kann man zur Eisbereitung nutzen, indem man einfach in eine größere Schüssel mit der Kältemasse eine etwas kleinere Schüssel aus Edelstahl (wegen der guten Wärmeleitfähigkeit) mit der zubereiteten Eismasse stellt. Der Eismasse wird soviel Wärme entzogen, daß sie gefriert. Da das in diesem Fall aber auf dem Küchentisch oder -schrank passieren kann, kann man dabei bequem und andauernd rühren.

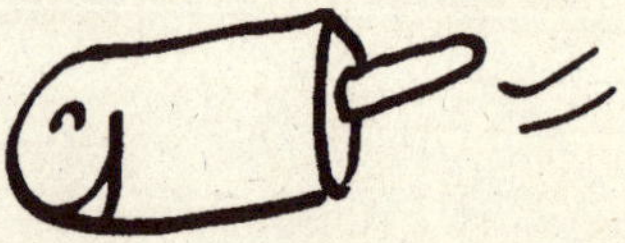

Wer sich für diese Methode der Kühlung begeistert, braucht die Kältemasse übrigens nicht nach einmaligem Gebrauch wegzuschütten. In einem geschlossenen Behälter aus Plastik (Glas würde platzen, da Wasser sich beim Gefrieren ausdehnt) kann die Kältemasse im Gefrierfach wieder „aufbereitet“ werden. In etwa 3 Tagen ist sie wieder ausreichend durchgefroren.

❍ Für absolute Eisfans lohnt sich vielleicht sogar die Anschaffung einer Eismaschine. Der „Waschbärversand“ bietet beispielsweise eine manuelle Eismaschine (ca. 75,- DM) an, bei der der Kühleinsatz in fast jedes Kühlfach paßt. Damit und mit ein bißchen Muskelkraft können Sie in einer Viertelstunde bis zu 500 Gramm leckeres, cremiges Eis herstellen.

Für alle diese Methoden gilt: Je mehr gerührt wird, desto cremiger und softer wird das Ergebnis. Das Rühren verhindert, daß das Eis am Schüsselrand zu großen, dem Schleckvergnügen abträglichen Eiskristallen gefriert. Das fertige Eis kann gut verpackt (Packung beschriften erspart lange Sucherei!) im Gefriergerät etwa einen Monat gelagert werden. Vor dem Servieren läßt man es im Kühlschrank etwas weicher und cremiger werden, dann ist es nicht mehr so beinhart gefroren.

Das Eis mit einem Löffel oder einem Eisportionierer (vorher in kaltes Wasser tauchen, dann geht's einfacher) aus der Schüssel herauskratzen und in Dessertschalen oder schönen Bechern anrichten. Wer Lust hat, dekoriert noch mit frischem Obst, Sahne usw.. Fruchteis aus frischen Früchten wie Ananas oder Melone kann natürlich auch in der ausgehöhlten, ebenfalls geeisten Frucht serviert werden. Das sieht besonders lecker aus.

Kinder lieben Eis am Stiel! Dafür gibt es in Haushaltswarengeschäften extra Förmchen, mit denen die Zubereitung ganz einfach ist. Die Masse in die Förmchen gießen, Deckel samt Stiele aufsetzen und im Gefriergerät erstarren lassen. Hier entfällt das Umrühren natürlich. Ist das Eis fertig, die Förmchen kurz unter kaltes Wasser halten, dann lassen sie sich leicht abziehen. Der Stiel ist im Eis festgefroren.

Wer nur mal eine ganz kleine Portion Eis am Stiel zubereiten möchte, kann auch die Eiswürfelschale dazu benutzen. Einfach die Masse einfüllen und im Gefriergerät halbfest werden lassen. Nun „Stiele“ (z.B. Zahnstocher, kleine Hölzchen,

Partyspieße etc. - je breiter die Stiele, desto stabiler wird das Minieis) in die Würfel drücken und in der Kälte ganz erstarren lassen.

Eine besondere Form des kühlen Genusses ist das Sorbet (oder Scherbet). Halbgefrorenes, halb zum Trinken, halb zum Auslöffeln. Eine meist auf Fruchtsaftbasis (ursprünglich oft mit Wein oder Likör verfeinert) hergestellte Mischung wird im Gefriergerät halbfest gefroren. Zwischendurch, etwa alle halbe Stunde, immer kurz durchrühren. Eventuell vor dem Servieren mit Schlagsahne oder festem Eischnee verfeinern. Das Sorbet in gut gekühlten hohen Gläsern, am besten mit langen Löffeln und Strohhalmen, servieren.

Grundrezept: Milcheis

1/2 l Milch / 1/2 Vanilleschote / 1-2 EL Honig / 3 Eier

Die Milch aufkochen, vom Herd nehmen und die aufgeschnittene Vanilleschote ziehen lassen. In der Zwischenzeit die Eier trennen. Die Eigelbe mit dem Honig zu einer dicken, schaumigen Masse aufschlagen. Die Eiweiße zu festem Schnee schlagen.

Die Vanilleschote aus der Milch fischen. Die warme Milch vorsichtig unter Rühren in die Eigelb-Honig-Masse gießen. Vorsichtig auf kleiner Flamme soweit erhitzen, bis die Masse etwas dicker wird. Dabei die ganze Zeit rühren! Die Masse darf nicht kochen, sonst flockt das Eigelb zu harten Teilchen aus.

Den Topf vom Herd nehmen und abkühlen lassen. Den Eischnee unterheben und die Masse in das Gefriergerät geben. Bis zum Erstarren öfter umrühren; vor allem an Rand und Boden der Schüssel setzen sich leicht die Eiskristalle ab.

Die Milch kann ganz oder teilweise durch süße Sahne ersetzt werden. Je mehr Sahne, desto cremiger das Eis.

Für die klassische Rezeptur wird von den Eiern nur das Eigelb verwendet. Aber wer hat schon immer eine andere Verwendung für so viel Eiweiß? Sollte die Eiweißverwertung jedoch kein Problem darstellen, um so besser. Dann läßt man den Eischnee einfach weg.

Dieses Grundrezept läßt sich nach Belieben in fast jede Geschmacksrichtung abwandeln. Dazu ein paar Beispiele:

❍ **Mokka-Eis:** statt der Vanilleschote 2 EL gemahlenen Kaffee in der Milch mitkochen lassen. Die Milch dann durch einen Filter abgießen.

❍ **Nuß-Eis:** in die Eismasse vor dem Gefrieren etwa 100 g gemahlene und 2 EL fein gehackte Nüsse unterrühren

❍ **Schokoladeneis:** statt der Vanilleschote etwas Kakao- oder Carobpulver in der Milch auflösen. Nicht mehr mit Honig süßen!

❍ **Fruchtgeschmack:** sehr kleingeschnittene oder im Mixer pürierte Früchte vor dem Gefrieren unterrühren (z.B. Bananen).

Grundrezept: Fruchteis

1/2 l süße Sahne / 250 g Früchte / 2 EL Honig / 1 Eigelb

Die Sahne steif schlagen. Die gewaschenen und vorbereiteten Früchte mit dem Honig und dem Eigelb im Mixer 1-2 Minuten pürieren. Die steifgeschlagene Sahne vorsichtig unterheben. Die Masse im Gefriergerät fest werden lassen, dabei ab und zu umrühren.

Die etwas festeren Früchte (Äpfel, Pflaumen usw.) vor dem Pürieren in ganz wenig Wasser weich dünsten.

Grundrezept: Joghurt-Fruchteis

500 g Früchte / 500 g Naturjoghurt / Honig

Frisches Obst waschen, ggf. entstielen oder entsteinen, eingemachtes Obst auf einem Sieb abtropfen lassen. Einige Früchte zurückbehalten. Im Mixer mit dem Joghurt zu einer glatten Masse verarbeiten. Wenn nötig, mit wenig Honig abschmecken. Die restlichen Früchte zu kleinen Stückchen schneiden und unterrühren. Die Masse im Gefriergerät halbfest werden lassen und ab und zu rühren.

Je höher der Fettgehalt des Joghurts ist, desto cremiger wird auch das fertige Eis. Wer es ganz besonders cremig mag, nimmt 300 g Joghurt und 200 g süße Sahne.

Joghurt-Fruchteis kann aus allen Fruchtarten zubereitet werden. Auch eingemachtes Obst wie Pfirsiche oder Kirschen eignen sich gut dazu. Es läßt sich schnell und unkompliziert zubereiten. Zu Eis am Stiel gefroren ist es vor allem bei Kindern sehr beliebt.

Zitronensorbet

4 Zitronen / Wasser / Honig nach Geschmack / einige Blättchen Zitronenmelisse

Von jeder Zitrone etwas Schale dünn in einer Spirale abschälen und zum Dekorieren zurückbehalten. Die Zitronen auspressen und mit Wasser zu einem halben Liter Flüssigkeit auffüllen. Mit so viel Honig süßen, daß der Geschmack noch sehr säuerlich ist. Im Gefriergerät halbfest werden lassen, dabei ab und zu durchrühren. Vier hohe Gläser ebenfalls kühl stellen.

Das Sorbet auf die Gläser verteilen, die Gläser mit Zitronenschale und Zitronenmelisse am Rand dekorieren. Mit Strohhalmen und langen Löffeln servieren.

Orangen, Limonen und andere säuerliche Früchte ergeben ebenfalls köstliche erfrischende Sorbets. Einfach einen halben Liter Saft mit wenig Honig abschmecken und im Gefriergerät halbfest werden lassen.

Pfefferminzsorbet

1/2 l Pfefferminztee / 1 Zitrone / 1 EL Honig / einige Blättchen frische Minze oder Zitronenmelisse

Aus frischer oder getrockneter Pfefferminze einen starken Tee kochen. Abkühlen lassen und mit dem Saft der Zitrone und etwas Honig abschmecken. Im Gefriergerät halbfest werden lassen, dabei öfter gut durchrühren.

In vier hohen, gut gekühlten Gläsern mit Strohhalmen und langen Löffeln servieren.

Fruchteiswürfel

1/4 l Tee (Pfefferminze, Hagebutte, Früchte o.ä.) / 1/2 Zitrone / 2 TL Honig / beliebige Früchte

Den Tee mit dem Zitronensaft mischen und mit Honig etwas süßen. In eine Eiswürfelschale gießen. Die Früchte waschen und vorbereiten. In jedes Eisschalenfach eine oder mehrere Früchte geben. Im Gefriergerät halbfest werden lassen.

2 oder 3 Fruchtwürfel in ein hohes Glas geben und mit Tee oder hellem Fruchtsaft auffüllen.

Sorbet de Cassis

500 g schwarze Johannisbeeren / Wasser / 1 EL Honig

Die Johannisbeeren waschen und samt Stielen in ein sauberes Tuch (z.B. eine Mullwindel) geben. Durch kräftiges Drücken und Eindrehen des Tuches den Saft herauspressen. Mit Wasser zu einem halben Liter Flüssigkeit auffüllen. Mit wenig Honig süßen, der Saft sollte säuerlich herb schmecken. Im Gefriergerät halbfest werden lassen, dabei öfter gut durchrühren. Vier hohe Gläser ebenfalls kühl stellen. Das Sorbet auf die Gläser verteilen. Mit Strohhalmen und langen Löffeln servieren.

Statt frischer Johannisbeeren kann man natürlich auch bereits fertigen Saft verwenden!

Ein festlicher Nachtisch für besondere Anlässe ist das *Sorbet Kir Royal*: Dafür das Johannisbeersorbet etwas fester anfrieren lassen und mit 1 Glas Sekt mixen.

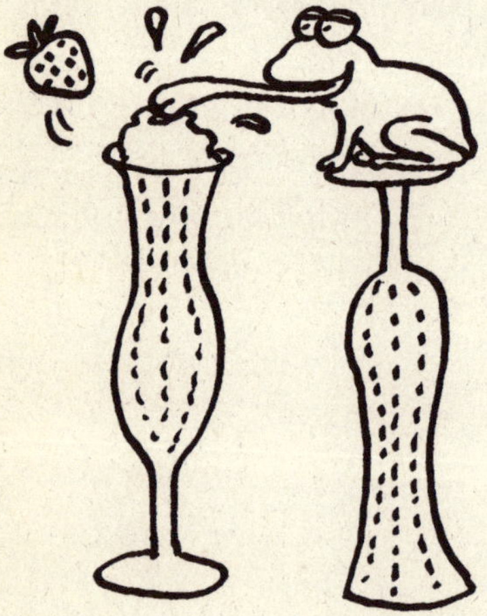

Erdbeer-Rhabarber-Eis

1/2 l süße Sahne / 1 Stange Rhabarber / Wasser / 200 g Erdbeeren / 2-3 EL Honig / 1 Eigelb

Die Sahne steif schlagen. Die zähen Fasern von der Rhabarberstange abziehen und den Rhabarber in kleine Stücke schneiden. In ganz wenig Wasser weich dünsten. Abkühlen lassen.

Die Erdbeeren waschen und von den Blättchen und Stielen befreien. Rhabarber, Erdbeeren, Honig und Eigelb im Mixer pürieren. Die Schlagsahne unterheben. Die Masse im Gefriergerät erstarren lassen. Vor dem Servieren mit frischen Erdbeeren dekorieren.

Apfel-Zimt-Eis

1/2 l süße Sahne / 2 Äpfel / Wasser / 2 TL gemahlener Zimt / 1-2 EL Honig / 1 Eigelb

Die Sahne steif schlagen. Die Äpfel schälen, vom Kerngehäuse befreien und mit dem Zimt in ganz wenig Wasser weich dünsten. Abkühlen lassen. Äpfel, Honig und Eigelb im Mixer pürieren. Die Schlagsahne unterheben. Die Masse im Gefriergerät erstarren lassen.

Pralinen & Co.

Eine Praline als Nachtisch, vielleicht zwei oder drei zum Nachmittagstee - man ißt sie in kleinen Mengen und mit Genuß. Schließlich sind sie meist kleine Meisterwerke, und ihre Herstellung hat etwas Zeit und Mühe gekostet.

Die hier vorgestellten Rezepte sind jedoch bewußt einfach gehalten. Denn selbst für Pralinen sollte niemand stundenlang in der Küche stehen. Auch die Zutaten sind einfach gewählt. Marzipan, Kartoffelnougat und Maronencreme sind die „Grundmassen“, die dann zu köstlichen Pralinen und Naschereien weiterverarbeitet werden.

Kleider machen Leute, auch bei den Pralinen. Deshalb sollte man sich bei der Verzierung besondere Mühe geben. Ein Überzug aus Schokolade mit Pistazien belegt, ist beispielsweise eine beliebte Form - die kleinen Luxusnaschereien sollten schon ein gefälliges „Outfit“ haben. Auch die Verpackung darf ruhig etwas aufwendiger sein. Kleine Papierschälchen, gekauft oder selbst-

gefaltet, in einem hübschen Kasten sind der angemessene Rahmen, in dem die kleinen Meisterwerke erst so richtig gut zur Geltung kommen.

Hoffentlich klappen Sie jetzt nicht entmutigt das Buch zu, weil Sie sich zu solch hehren Küchenleistungen nicht berufen fühlen. Wie gesagt, die Rezepte sind wirklich sehr einfach. Probieren Sie sie ruhig einmal aus! Lassen Sie Ihrer Phantasie freien Lauf! Die Pralinenherstellung kann nämlich eine besonders kreative Sache sein. Nehmen Sie, was Küche und Keller an Verwertbarem bieten, und zaubern Sie daraus mit Lust und Liebe eigene Kreationen. Wie sagte schließlich Wilhelm Busch: „Freilich", meint der Zuckerbäcker, „warum ist der Mensch so lecker!"

Grundrezept: Marzipan

200 g süße Mandeln / 2 - 4 bittere Mandeln / 6 EL Honig

Die Mandeln kurz mit kochendem Wasser überbrühen, in ein Sieb geben und mit kaltem Wasser abschrecken. So lassen sich die braunen Häutchen ganz leicht abziehen. Die Mandeln staubfein mahlen.

Den Honig hinzufügen und alles zu einer glatten Masse verkneten.

Sollen noch sehr kleine Kinder von dem Marzipan essen, läßt man die Bittermandeln weg und gibt statt dessen einige Tropfen Rosenwasser (aus der Drogerie oder Apotheke) dazu. Bittermandeln enthalten Blausäure und können in größeren Mengen bei Kleinkindern Vergiftungserscheinungen auslösen.

Marzipan läßt sich gut einige Zeit im Kühlschrank aufbewahren. So haben Sie immer einen Grundvorrat zur Hand und können schnell hübsche Dekorationen oder leckere Füllungen daraus machen.

Marzipan kann mit einigen Tropfen „Farbe" eingefärbt werden. Spinatsaft färbt z.B. grün, Rote Bete-Saft rot, Curcuma oder fein geriebene gelbe Trockenfrüchte färben gelb usw. Diese Farben sind natürlich weniger intensiv als künstliche Lebensmittelfarben.

Grundrezept: Sojamarzipan

5 EL gekochte gelbe Sojabohnen / 3 EL Honig / 1/2 TL Zitronensaft

Alle Zutaten im Mixer pürieren und für etwa 2 Stunden im Kühlschrank fest werden lassen.

Sojamarzipan kann ebenfalls eingefärbt oder parfümiert (Rosenwasser, Bittermandelöl, Sesampaste) werden.

Grundrezept: Kartoffelnougat

1 große Kartoffel / 20 g Butter / 2 EL Honig /
1 EL süße Sahne / 2 EL gemahlene Mandeln /
2 EL Kakao- oder Carobpulver

Die Kartoffel weichkochen, schälen und mit der Gabel zermusen. Die restlichen Zutaten dazugeben und zu einer glatten Paste verarbeiten. Im Kühlschrank fest werden lassen.

Kartoffelnougat kann mit Vanille, Zimtpulver oder süßen Aromen (z.B. Orangenöl) noch verändert werden. Es dient als Grundstoff für Füllungen oder Pralinen.

Grundrezept: Maronencreme

200 g Maronen / 2-3 EL Honig / 1 EL Butter / Vanillemark

Die Maronen (Eßkastanien) waschen und auf der runden Seite kreuzweise einschneiden. Auf einem nassen Backblech im Backofen bei mittlerer Hitze so lange garen, bis sie leicht aufplatzen. Etwas abkühlen lassen.

Die Maronen schälen, dabei auch das braune Häutchen entfernen. Im Mixer mit den restlichen Zutaten zu einer glatten Creme verarbeiten.

Sollte die Masse noch zu fest sein, noch etwas süße Sahne unterrühren.

Maronencreme ist ein vielseitiger Grundstoff für Konfekt. Leider sind Maronen mittlerweile nicht ganz billig und selten aus kontrolliert biologischem Anbau. Allerdings kann man in manchen Parkanlagen oder botanischen Gärten im Herbst selbst Maronen sammeln.

Gibt man der Maronencreme noch steifgeschlagene Sahne oder aber 1-2 Eier (die Eier getrennt, die Eiweiße zu festem Schnee geschlagen) dazu, hat man ein leckeres Dessert, das mit Nüssen oder Früchten variiert werden kann.

Marzipankartoffeln

200 g süße Mandeln / 2 - 4 bittere Mandeln / 6 EL Honig / 20 g Kakao- oder Carobpulver

Die Mandeln wie im „Grundrezept Marzipan" beschrieben enthäuten und sehr fein mahlen. Den Honig hinzufügen und alles zu einer glatten Masse verkneten. Walnußgroße Kugeln daraus formen und in Kakao- oder Carobpulver wälzen. Damit die kleinen Kartoffeln möglichst echt aussehen, mit einem Zahnstocher „Augen" hineindrücken. Auf einem Rost trocknen lassen.

Echte Marzipanfans mögen Marzipankartoffeln nicht nur zur Adventszeit. Die richtige Geschenkverpackung sind übrigens kleine Säcke aus braunem (Pack-)Papier oder noch besser aus Jute!

Marzipan-Igel

200 g süße Mandeln / 2 - 4 bittere Mandeln /
6 EL Honig / 50 g Kakao- oder Carobpulver /
100 g Trockenfrüchte / 100 g Mandelstifte / Rosinen

Die Mandeln wie im „Grundrezept Marzipan“ beschrieben enthäuten und sehr fein mahlen. Den Honig hinzufügen und alles zu einer glatten Masse verkneten. Mit dem Kakao- oder Carobpulver braun einfärben. Die Trockenfrüchte sehr fein hacken und miteinander verkneten, so daß sie gut zusammenkleben, und kleine Kugeln daraus formen. Die Kugeln dick mit der Marzipanmasse umhüllen, vorne eine kleine Igelschnauze herausarbeiten. Die Mandelstifte als Stacheln einstecken, die Rosinen als Augen.

Wenn die Igel nur ganz klein werden, kann man auf die Trokkenfrüchtefüllung verzichten. Mini-Igel eignen sich auch gut als Tortendekoration.

Wer etwas Geschick beim Modellieren hat, kann sich auch an andere Marzipan-Tiere heranwagen. Statt mit Kakao- oder Carobpulver färbt man mit anderen Lebensmitteln ein. Wie wär's mit einem Marzipan-Zoo oder Marzipan-Dinos für den nächsten Kindergeburtstag?

Tip: Wenn die Tiere oder Figuren Haare haben sollen, können Sie einfach etwas Marzipan durch die Knoblauchpresse drücken und die langen dünnen Würste als Haare verwenden!

Nougat-Aprikosen-Taler

100 g getrocknete Aprikosen / 100 g Marzipan /
1-2 EL Zitronensaft / 100 g Pistazien /
200 g Kartoffelnougat (S. 84)

Die Aprikosen sehr fein schneiden oder im Mixer pürieren. Mit dem Marzipan und dem Zitronensaft zu einer geschmeidigen Masse verkneten und eine Rolle daraus formen. Die Pistazien sehr fein hacken. Das Kartoffelnougat zu einer Platte ausziehen, mit der Hälfte der gehackten Pistazien bestreuen und die Aprikosen-Rolle damit umhüllen. Gut andrücken, damit die einzelnen Schichten aneinander haften bleiben. Im Kühlschrank wieder etwas fester werden lassen.

Die gekühlte Rolle in den restlichen Pistazien wälzen und in Scheiben schneiden.

Probieren Sie dieses Rezept auch mit anderen Trockenfrüchten aus. Wenn Sie keine Pistazien im Haus haben, können Sie statt dessen andere gehackte Nüsse oder Kokosraspeln nehmen.

Backpflaumen „surprise“

20 Backpflaumen / 20 ganze süße Mandeln /
2 EL gemahlene Mandeln / 100 g Marzipan (S. 82)

Die Backpflaumen ggf. entsteinen. Die Mandeln kurz in heißes Wasser tauchen und dann kalt abschrecken, die braunen Häutchen entfernen. Die gemahlenen Mandeln dünn ausstreuen und das Marzipan darauf nicht zu dick ausrollen. Mit einem Messer in Rechtecke schneiden und die Mandeln darin einzeln einwikkeln. Jede Backpflaume mit einem dieser Päckchen füllen.

Die gefüllten Pflaumen entweder einzeln in Papierkörbchen setzen oder in einer Schale schön anrichten.

Auch anderes Steinobst, z.B. Aprikosen, kann man so lecker füllen. Getrocknetes Obst ist besonders gut dazu geeignet, denn so ist diese Knabberei ein paar Tage im Kühlschrank haltbar. Frische gefüllte Früchte sollte man bald verzehren.

Schlemmer-Maronen

100 g Maronen / 2 EL Honig / 1 TL Butter / Vanillemark / 50 g Schokolade oder Carobriegel / 50 g gehackte Pistazien

Aus Maronen, Honig, Butter und Vanillemark nach dem Grundrezept eine Maronencreme bereiten (S. 85). Die Creme sollte noch ziemlich fest sein. Mit feuchten Händen kleine Kugeln daraus formen, oben eine kleine Spitze herausziehen. Die Form soll ungefähr an eine Marone erinnern.

Die Schokolade bzw. den Carobriegel im Wasserbad schmelzen, evtl. noch etwas Wasser unterrühren. Die kleinen Creme-Maronen auf eine Gabel setzen und in die geschmolzene Masse eintauchen. Die Pistazien auf einen großen flachen Teller streuen und die Maronen daraufsetzen; die Pistazien etwas andrükken.

Süße Blutwurst

200 g Maronen / 2-3 EL Honig / 1 EL Butter / Vanillemark / 3 EL getrocknete Apfelringe / 3 EL Rosinen / 30 g Kakao- oder Carobpulver

Aus Maronen, Honig, Butter und Vanillemark nach dem Grundrezept eine Maronencreme bereiten (S. 85).

Die getrockneten Apfelscheiben in nicht zu kleine Stücke schneiden. Zusammen mit den Rosinen und dem Kakao- bzw. Carobpulver unter die Maronencreme kneten. Die Masse in 4 Teile teilen und kleine Würste daraus formen. Die Würste in Pergamentpapier einwickeln, beide Enden wie bei einer richtigen Wurst mit Kordel abbinden. Im Kühlschrank ganz fest werden lassen.

Die süßen Würste in Scheiben aufschneiden und davon naschen. Sie schmecken aber tatsächlich auch als Brotbelag, den vor allem Kinder sehr gerne mögen. Im Kühlschrank sind sie etwa 14 Tage haltbar.

Walnuß-Pralinen

100 g Marzipan (S. 82) / 40 Walnußhälften / 50 g Schokolade oder Carobriegel

Das Marzipan in 20 gleiche Stücke teilen, jedes Stückchen zu einer kleinen Kugel formen. Jede Kugel zwischen 2 Walnußhälften geben und etwas platt drücken. Die Schokolade bzw. den Carobriegel im Wasserbad schmelzen. Die Walnußpralinen an einem Ende fassen und vorsichtig mit der Spitze in die geschmolzene Masse tauchen, so daß die Praline halb mit Schokolade überzogen ist. Auf einem Kuchenrost abtropfen und gut trocknen lassen.

Die Walnuß-Pralinen sehen besonders edel aus. Schön verpackt sind sie ein tolles Geschenk! Oder auf einer feinen Schale anrichten, wenn der Erbonkel zum Tee kommt!

Wer kein Freund von Marzipan ist, kann statt dessen auch Kartoffelnougat oder Maronencreme probieren.

Bonbons & Co.

Bonbons sind die Schrecken (oder Freuden?) aller Zahnärzte, denn nichts klebt besser! Was so eine richtige Karamelle ist, haftet sogar noch nach Stunden in den hintersten Zahnzwischenräumen. Man erkennt das leicht daran, daß nach Bonbongenuß unter schrecklichen Grimassen versucht wird, den Störenfried zu beseitigen. Aber gut schmecken tun sie schon, die kleinen Plombenzieher. Deshalb sollte man sich ruhig ab und zu eins gönnen. Vorausgesetzt, die Zahnbürste ist griffbereit...

Wer es etwas weniger „zäh" mag, sollte einmal Fruchtwürfel, unsere naturköstliche Variante zu Gummibärchen, probieren. Die fruchtigen Stückchen finden bestimmt nicht nur bei Kindern reißenden Absatz!

Noch ein Tip zur Herstellung: In den Rezepten ist stets angegeben „mit Pergamentpapier auslegen...". Die meist noch recht flüssige Grundmasse fließt nicht von dem Papier herunter, wenn die Ecken hochgekniffen und mit Wäscheklammern oder Büroklammern fixiert werden. Damit kann man leicht auch eine klei-

nere Grundfläche (etwa 20 x 20 cm) zum Ausgießen erzeugen und erhält damit die gewünschte Stärke.

Bonbons werden einzeln in Wachspapier oder selbstgeöltes Papier eingewickelt. Fruchtwürfel schichtet man in ein etwas breiteres Glas oder eine schöne Schale.

Toffees

10 EL Honig / 50 g Butter / 1/4 Vanillestange / 1 TL Essig / 1 Prise Meersalz / Öl zum Bestreichen

Honig, Butter, das Mark der Vanillestange, Essig und Salz in einen Topf geben und unter Rühren 10 Minuten köcheln lassen. Eine flache Unterlage mit Pergamentpapier auslegen, das Papier mit etwas Öl bestreichen. Die Bonbonmasse 1 cm dick auftragen und etwas abkühlen lassen. Wenn die Toffees noch nicht ganz hart sind, mit einem scharfen Messer in gleichmäßige Würfel von 2 x 2 cm schneiden.

Toffees stammen ursprünglich aus England. Wörtlich übersetzt heißen sie „Sahnebonbons", obwohl gar keine Sahne hineinkommt. Der Name kommt wohl daher, daß sie so sahnig schmecken.

❍ Schokoladentoffees kann man wahlweise mit Kakao oder Carob herstellen. Nach dem Kochen werden 2-3 EL Kakao- oder Carobpulver eingerührt. Bitte nicht mitkochen, die Toffees könnten sonst bitter schmecken!

❍ Für Mokkatoffees 3 TL Instantgetreidekaffe mit ganz wenig Wasser anrühren und zu der noch heißen Toffeemasse geben.

Ingwer-Karamellen

200 g süße Sahne / 10 EL Honig / 30 g kandierter Ingwer / 20 g Butter / Öl zum Bestreichen

Die Sahne und den Honig zum Kochen bringen. Den Ingwer fein schneiden und zufügen. 10 Minuten kochen lassen, dann die Butter dazugeben. Einen Tropfen der Masse in eine Schüssel mit kaltem Wasser fallen lassen. Wird der Tropfen fest, ist die Kochzeit beendet. Wenn nicht, muß noch etwas weitergekocht werden. Dabei gut rühren!

Ein Backblech mit Pergamentpapier auslegen und mit Öl bestreichen. Die Masse aufgießen und in 2 bis 3 Stunden fest werden lassen. Die Karamellen auf eine geölte Platte stürzen und mit einem geölten Messer 2 x 2 cm große Bonbons schneiden. Die Bonbons am besten einzeln in Wachspapier einwickeln.

Mandelbonbons

150 g süße Mandeln / 10 EL Honig / 1 MSP Koriander / 1 MSP gemahlener Zimt / Öl

Die Mandeln kurz mit kochendem Wasser überbrühen, in ein Sieb geben und mit kaltem Wasser abschrecken. Die braunen Häutchen abziehen und die Mandeln sehr fein mahlen.

Den Honig in einen Topf geben und bei kleiner Hitze unter Rühren flüssig werden lassen. Als Probe einen Teelöffel der Masse in kaltes Wasser fallen lassen. Wenn sich daraus ein weiches Kügelchen bildet, ist die Masse heiß genug. Die gemahlenen Mandeln und die Gewürze dazugeben und glattrühren.

Die Masse auf eine gefettete Unterlage streichen (evtl. mit einem Papierrand ein Auseinanderlaufen verhindern). Etwa 12 Stunden ruhen lassen, damit die Masse fest wird. Mit einem scharfen Messer in etwa 2 cm große Würfel schneiden.

Salbei-Bonbons

20 Blättchen frischer oder 3 EL getrockneter Salbei / 75 g Butter / 15 EL Honig / 2 TL Essig / 1 Prise Meersalz / Öl zum Bestreichen

Die Butter mit dem kleingeschnittenen Salbei zum Kochen bringen und 2-3 Minuten köcheln lassen. Durch ein feines Sieb abschütten, den Salbei wegwerfen. Die Salbeibutter mit dem Honig, Essig und einer Prise Salz unter Rühren 10 Minuten köcheln lassen. Eine flache Unterlage mit Pergamentpapier auslegen, das Papier mit Öl bestreichen. Die Bonbonmasse 1 cm dick auftragen und etwas abkühlen lassen. Wenn die Bonbons noch nicht ganz hart sind, mit einem scharfen Messer in gleichmäßige Würfel von 2 x 2 cm schneiden.

Salbei-Bonbons wirken gut bei Halsschmerzen. Gerade kleineren Kindern, die noch nicht mit Salbei-Tee gurgeln und spülen können, kann man damit ein wirksames Hausmittel geben.

Natürlich kann man auch viele andere Kräuter und Gewürze auf diese Art gesundheitsfördernd einsetzen. Ein gutes Beispiel dafür sind Fenchel-Bonbons, die gut gegen Blähungen wirken:

2 EL Fenchelsamen im Mörser zerstoßen und in der Butter köcheln lassen. Butter, Honig, Essig und Salz unter Rühren 10 Minuten köcheln lassen und Bonbons daraus gießen.

Fruchtwürfel

3 TL Agar-Agar / 1/2 l Fruchtsaft / 1/2 Zitrone / 1 EL Honig / Öl

Das Agar-Agar mit etwas Fruchtsaft kalt anrühren. Den restlichen Fruchtsaft mit dem Zitronensaft, dem Honig vorsichtig erhitzen, bis sich alle Zutaten aufgelöst haben. Das angerührte Agar-Agar unterrühren und ebenfalls aufkochen lassen.

Ein Backblech mit Pergamentpapier auslegen, die Ecken des Papiers nach oben kneifen und mit Wäscheklammern fixieren. Die Masse daraufgießen und auskühlen lassen. Die erstarrte Masse mit einem scharfen Messer in gleichmäßige Würfel schneiden. Die Würfel mit Hilfe eines Backpinsels von allen Seiten hauchdünn mit Öl bestreichen, damit sie nicht so klebrig sind. Auf einem Kuchenrost trocknen lassen.

Probieren Sie die Fruchtwürfel mit verschiedenen Säften aus und stellen Sie eine bunte Mischung zusammen. Rote Kirschsaftwürfel, gelbe Orangensaftwürfel, violette Würfel aus Heidelbeer- oder Holundersaft usw.

Saure Gummis

3 TL Agar-Agar / 1/4 l Wasser / 1/4 l Zitronensaft / 1-2 TL Honig / 2 Öl

Das Agar-Agar mit etwas Wasser kalt anrühren. Das restliche Wasser mit dem Zitronensaft verrühren und soviel Honig zugeben, daß die Mischung nicht mehr zu sauer ist. Eine gewisse Säure sollte sie aber noch haben. Das angerührte Agar-Agar unterrühren und nochmals kurz aufkochen lassen.

Ein Backblech mit Pergamentpapier auslegen, die Ecken des Papiers nach oben kneifen und mit Wäscheklammern fixieren. Die Masse daraufgießen und auskühlen lassen. Die erstarrte Masse mit einem scharfen Messer in gleichmäßige Würfel schneiden. Die Würfel mit Hilfe eines Backpinsels von allen Seiten hauchdünn mit Öl bestreichen, damit sie nicht so klebrig sind. Auf einem Kuchenrost trocknen lassen.

Bittersüße Orangenecken

2 TL Agar-Agar / 300 ml Orangensaft / 1 Tasse Bitterorangenmarmelade / 50 g Schokolade bzw. Carobriegel

Das Agar-Agar mit etwas Orangensaft kalt anrühren. Den restlichen Saft mit der Marmelade verrühren. Das angerührte Agar-Agar unterrühren und die Flüssigkeit kurz aufkochen lassen.

Ein Backblech mit Pergamentpapier auslegen, die Ecken des Papiers nach oben kneifen und mit Wäscheklammern fixieren. Die Masse daraufgießen und auskühlen lassen. Die erstarrte Masse mit einem scharfen Messer in Dreiecke schneiden.

Die Schokolade bzw. den Carobriegel im Wasserbad schmelzen. Die Orangenecken mit der Spitze in die Glasur tauchen. Auf einem Kuchenrost abtropfen und trocknen lassen.

Pfefferminztaler

3 TL Agar-Agar / 3/8 l starker Pfefferminztee / 1/8 l Milch / 1-2 TL Honig / 50 g Schokolade oder Carobriegel

Das Agar-Agar mit etwas kaltem Pfefferminztee anrühren. Den restlichen Tee mit der Milch und dem Honig erhitzen. Das angerührte Agar-Agar unterrühren und alles kurz aufkochen lassen.

Ein Backblech mit Pergamentpapier auslegen, die Ecken des Papiers nach oben kneifen und mit Wäscheklammern fixieren. Die Masse daraufgießen und auskühlen lassen. Aus der erstarrten Masse mit einem Förmchen oder einem kleinen Glas Taler herausstechen.

Die Schokolade bzw. den Carobriegel im Wasserbad schmelzen und wieder soweit abkühlen lassen, daß die Masse gerade noch flüssig ist. Die Taler einzeln auf einer Gabel in die Schokoladenmasse eintauchen und sofort wieder herausheben. Auf einem Kuchenrost abtropfen und trocknen lassen.

Knabbereien aus Obst und Gemüse

Zur Erntezeit, wenn uns die Gärten und Marktstände mit frischen Früchten und Gemüsen verwöhnen, werden wir diese natürlich „pur und frisch“ essen. Nichts ist köstlicher als eine frische Erdbeere oder frische Kirschen, noch mit Stein zum Weitspuckwettbewerb. Aber wenn des Guten zuviel da ist, die Natur uns im Überfluß beschenkt, sollten wir etwas Obst und Gemüse abzwacken, um daraus gesunde Naschereien herzustellen. Damit können wir auch noch später die Süße des Sommers genießen.

Einige der hier vorgestellten Rezepte basieren auf dem Prinzip des Konservierens durch Trocknen. Dem Lebensmittel werden 80 bis 90 Prozent der Feuchtigkeit entzogen. Da die zersetzenden Mikroorganismen Wasser für ihre Existenz brauchen, wird ihnen die Lebensgrundlage genommen, der Verderb des Lebensmittels wird verhindert. Voraussetzung dafür ist, daß der Trocknungsprozeß schnell genug erfolgt, und daß das Lebensmittel nach der Trocknung nicht mehr mit Feuchtigkeit in Berührung kommt.

Das bedeutet jedoch nicht, die Früchte bei hohen Temperaturen in kürzester Zeit zu dörren. Das wäre wohl eher ein Mumifizieren, denn sowohl der Vitamingehalt als auch Geschmack und Aussehen sind abhängig von der Temperatur. Die sollte deshalb beim Trocknen 45 bis 50° C nicht überschreiten. Die Mineralstoffe bleiben übrigens beim Trocknen vollständig erhalten.

Wer öfter größere Mengen Trockenobst herstellen will, sollte sich einen Dörrapparat anschaffen. Im Handel werden elektrische Dörrgeräte angeboten. Es gibt aber auch eine sehr gute Bauanleitung für einen solarbetriebenen Trockenapparat, den man mit recht wenig Aufwand und Kosten leicht selbst herstellen kann (Das Hobbythek-Buch 6, vgs-Verlag).

Man kann die Schnitten aber auch einmal versuchsweise im Backofen bei 50° C trocknen, die Tür bleibt einen Spalt weit offen, damit die Feuchtigkeit abziehen kann. Auf Dauer ist diese Methode allerdings nicht zu empfehlen. Zum einen wird unnötig viel Energie verbraucht, zum anderen schwanken die Temperaturen recht stark, wertvolle Inhaltsstoffe der Früchte zerstört werden.

Bananenchips

4 Bananen / Honig nach Geschmack

Die Bananen schälen und in nicht zu dicke Scheiben schneiden. Die Scheiben auf einem Trockenrost ausbreiten, so daß sie nicht übereinanderliegen.

Wer's mag, kann die Bananen „pur" trocknen. Süßer, aber auch knuspriger werden die Bananenchips, wenn sie vor dem Trocknen dünn mit Honig eingepinselt werden. Dazu vorsichtig mit einem Backpinsel dünn Honig auf die Bananenscheiben pinseln. Sollte Ihr Honig dazu zu dickflüssig sein, können Sie ihn vorsichtig im Wasserbad erwärmen, bis er die richtige Konsistenz hat.

Die Bananenchips sind fertig getrocknet, wenn sie ganz fest geworden sind und sich krachig beißen lassen.

Sie können natürlich auch andere Obstsorten zu Chips trocknen. Probieren Sie beispielsweise einmal Erdbeeren in Scheiben geschnitten oder auch Ananas, in kleine Stückchen zerteilt.

Obstschnitten

2 l frische Früchte (z.B. Erdbeeren, Aprikosen, Pfirsiche, Kirschen, Pflaumen usw.) / 5 EL Honig / Pfeilwurzelmehl

Die Früchte waschen und sorgfältig putzen. Alle angestoßenen oder faulen Stellen müssen entfernt werden. Je nach Frucht entsteinen oder Kerne entfernen. Die Früchte im Mixer mit dem Honig pürieren. Sollte das Püree sehr feucht sein, kann man die Trockenzeit verkürzen, indem man etwas von dem Fruchtsaft entfernt. Dazu gibt man die Masse in ein sauberes Tuch (z.B. eine Mullwindel) und drückt den Saft leicht heraus. Den Saft auffangen, er schmeckt köstlich!

Die Fruchtmasse etwa 5 mm dick auf eine glatte Unterlage streichen und trocknen lassen. Am besten eignet sich dazu ein Trocken- oder Dörrapparat, möglichst mit Solarheizung (S. 104).

Zu Beginn des Trocknens würde die noch recht flüssige Masse von den Trockenrosten fließen. Deshalb erst einmal ein Pergamentpapier auf den Trockenrost legen und einen Rand falzen. Die Fruchtmasse darauf soweit trocknen, bis sie eine sehr zähe Konsistenz besitzt. Dann auf einen Trockenrost ohne Papierunterlage wenden und fertig trocknen.

Die Schnitten sollten so fest und biegsam wie dickes Leder sein. In Stücke schneiden und hauchdünn mit Pfeilwurzelmehl (ersatzweise feingemahlenes Maismehl) bestäuben, damit sie nicht mehr klebrig sind. Einzeln in Wachspapier verpackt oder in eine Dose geschichtet vor Feuchtigkeit geschützt aufbewahren.

Wer selbst im Entsafter Fruchtsaft herstellt, kann natürlich auch die Fruchtreste zu Schnitten weiterverarbeiten. Da das Obst schon einmal gekocht wurde, sind hier natürlich schon die hitzeempfindlichen Inhaltsstoffe zerstört. Trotzdem ist es eine gute Art der Resteverwertung. Das Trocken geht hier wahrscheinlich sehr schnell, da der Saft ja schon weitgehend entfernt wurde.

Probieren Sie die Schnitten mit den Früchten einer Sorte, aber auch einmal mit Fruchtmischungen aus. Wer es gerne säuerlich mag, kann ruhig auch Zitrusfrüchte zugeben.

Und wenn Sie die Schnitten dann in Papier verpacken, machen Sie sich die Mühe einer schönen Beschriftung. Auch die Namen können ruhig phantasievoll sein: Erdbeertraum, Tutti-Frutti usw. Dann kommen die einfachen Schnitten sicher besonders gut an!

Quittenleder

4-5 Quitten / Wasser / 5 EL Honig / Pfeilwurzelmehl

Die Quitten zuerst mit einem trockenen Tuch abreiben, dann waschen und vierteln. Die Kerngehäuse entfernen und die Quitten in möglichst kleine Stücke schneiden. In einen Topf geben und so viel Wasser zugeben, daß die Quittenstückchen gerade bedeckt sind. In 45 bis 60 Minuten weichkochen lassen.

Die Masse abkühlen lassen, in ein Mulltuch geben und den Saft abpressen. Der Saft kann als Grundlage für Quitteengelee weiterverwendet werden. Das Fruchtmark mit dem Honig pürieren. Einen Trockenrost mit Pergamentpapier auslegen und einen Rand falzen. Die Fruchtmasse etwa 5 mm dick daraufstreichen und soweit trocknen, bis sie eine sehr zähe Konsistenz besitzt. Dann auf einen Trockenrost ohne Papierunterlage wenden und fertigtrocknen.

In Stücke schneiden und hauchdünn mit Pfeilwurzelmehl (ersatzweise feingemahlenes Maismehl) bestäuben, damit sie nicht mehr klebrig sind. Einzeln in Wachspapier verpackt oder in eine Dose geschichtet vor Feuchtigkeit geschützt kühl lagern.

Bananen-Kokos-Schnitten

5 Bananen / 2 EL Honig / 1 Zitrone / 150 g Kokosraspeln/ Pfeilwurzelmehl

Die Bananen schälen und zusammen mit dem Honig und dem Zitronensaft fein pürieren. Die Kokosraspeln unterrühren.

Einen Trockenrost mit Pergamentpapier auslegen und einen Rand falzen. Die Bananenmasse 5 bis 10 mm dick daraufstreichen und soweit trocknen, bis sie eine sehr zähe Konsistenz besitzt. Dann auf einen Trockenrost ohne Papierunterlage wenden und fertigtrocknen.

In Stücke schneiden und hauchdünn mit Pfeilwurzelmehl (ersatzweise feingemahlenes Maismehl) bestäuben. Einzeln in Wachspapier verpackt vor Feuchtigkeit geschützt lagern.

Wer kein Fan von Kokosraspeln ist, kann statt dessen fein gehackte süße Mandeln nehmen.

Gemüseknabberei rot-grün

3 Tomaten / 2-3 kleine Zucchini / schwarzer Pfeffer / Kräutersalz

Die Tomaten sollten reif, aber noch schnittfest sein. Das Gemüse waschen, in 5 mm dicke Scheiben schneiden und auf den Trockenrost legen. Mit schwarzem Pfeffer und Kräutersalz würzen. Trocknen, bis das Gemüse kein Wasser mehr enthält.

Diese Gemüseknabberei kann einfach wie Trockenobst genascht werden. Durch den Farbkontrast sieht es besonders schön aus. Sie können es natürlich auch mit einem Butterbrot oder einem Naturjoghurt als leichte Zwischenmahlzeit oder kleine Abendmahlzeit essen.

Getrocknetes Gemüse ist lange haltbar. Bewahren Sie es in einem Deckelglas oder einer Dose vor Feuchtigkeit geschützt auf. Viele andere Gemüsesorten lassen sich ebenfalls gut trocknen. Probieren Sie einfach aus, was ihnen am besten schmeckt!

Tomatenrauten

500 g Tomaten / 1-2 Knoblauchzehen / 1 TL Olivenöl / Meersalz / Oregano / 200 g grobe Haferflocken

Die Tomaten waschen, kurz in kochendes Wasser geben und mit kaltem Wasser abschrecken. Nun die Haut und den Stielansatz entfernen. Den Knoblauch fein hacken oder durch die Presse drücken. Tomaten, Knoblauch, Olivenöl und die Gewürze im Mixer pürieren, dann die Haferflocken unterrühren.

Einen Trockenrost mit Pergamentpapier auslegen und einen Rand falzen. Die Tomatenmasse etwa 5 mm dick daraufstreichen und soweit trocknen, bis sie eine sehr zähe Konsistenz besitzt. Dann auf einen Trockenrost ohne Papierunterlage wenden, mit einem Messer in Rauten schneiden und fertig trocknen.

Treibhauseffekt

Bunte Zwiebelringe

500 g Zwiebeln / 20 g Mehl / 1 l Öl oder Fett zum Fritieren / Meersalz / Paprika / Curry / Kräutersalz

Die Zwiebeln schälen und in 2-3 mm dicke Scheiben schneiden. Die einzelnen Ringe voneinander lösen. Die Zwiebelringe und das Mehl in eine Schüssel geben, mit einem flachen Teller abdecken und die Schüssel kräftig drehen und schwenken. So werden die Zwiebeln gleichmäßig mit Mehl bestäubt. Auf ein Sieb geben und das überflüssige Mehl abstäuben.

Das Öl in einem großen Topf oder einer Friteuse erhitzen und die Zwiebelringe portionsweise goldgelb ausbacken. Herausnehmen und gut abtropfen lassen, evtl. auf Küchenkrepp etwas entfetten.

Die gebackenen Zwiebelringe in 3 Portionen aufteilen. Eine Portion mit Kräutersalz würzen, eine mit Meersalz und Paprika und eine mit Meersalz und Curry. Zwiebelringe schmecken frisch am besten!

Kartoffelchips

8 mittelgroße Kartoffeln / 1 l Öl oder Fett zum Fritieren / Meersalz / Paprika edelsüß

Die Kartoffeln schälen, waschen und mit Hilfe einer Rohkostreibe oder eines Gurkenhobels in möglichst dünne Scheiben schneiden. Die Kartoffelscheiben trockentupfen. Das Backfett in einer Friteuse oder in einem Topf erhitzen und die Kartoffelscheiben mit Hilfe eines Siebes darin portionsweise backen, bis sie eine Art Häutchen bilden. Das Sieb herausnehmen und die Kartoffeln kurz abtropfen lassen. Das Sieb wieder in das Fett senken und die Chips noch einmal backen, bis sie zu bräunen beginnen. Aus dem Fett nehmen, gut abtropfen lassen (evtl. mit Küchenkrepp etwas entfetten) und mit Meersalz und Paprika würzen.

Frisch gebackene Kartoffelchips sind eine Delikatesse, die man gar nicht mit gekauften Chips aus der Tüte vergleichen kann.

Probieren Sie auch einmal Kartoffelstäbchen aus! Hier werden die Kartoffel nicht in Scheiben gehobelt, sondern zu feinen Streifen geschnitten. Und obwohl die Zutaten und die Art der Zubereitung die gleichen sind, schmekken sie ganz anders als Chips.

Das Öl etwas abkühlen lassen und noch warm durch einen Kaffeefilter gießen. So wird es von festen Verunreinigungen gereinigt und kann mehrmals verwendet werden.

Popcorn

Popcorn ist eine gesunde und leckere Knabberei, vor allem wenn es frisch zubereitet wird. Man kann es von morgens bis abends reichen, statt Hauptmahlzeit oder als Knabberei zwischendurch. Es kann süß oder pikant gewürzt sein und es dient als Grundlage für Riegel oder Crunchies.

Der hier angebaute Futtermais ist leider für die Popcornherstellung nicht geeignet. Sie brauchen dazu extra Popcornmais, der die Fähigkeit zum „Puffen“ hat.

Wer es einfach mal ausprobieren möchte: Etwas Öl in der Pfanne erhitzen und den Mais hinzufügen. Den Deckel auflegen und bei kleiner Hitze unter ständigem Rütteln so lange garen, bis keine weiteren Puffs und Plops mehr zu hören sind. Vorsicht: den Deckel nicht zu früh abnehmen, sonst fliegt das Popcorn durch die ganze Küche.

Wenn Sie erst einmal auf den Geschmack gekommen sind und öfter Popcorn machen wollen, lohnt sich die Anschaffung einer Popcornmaschine (ca. 25 - 50 DM). Damit geht die Popcornherstellung wirklich ganz problemlos und vor allem sehr schnell. Ein weiterer Vorteil ist, daß hier der Mais ganz ohne Zugabe von Öl gepoppt wird. Vor allem Kinder sind richtig fasziniert davon, wie das Popcorn aus der Maschine gesprungen kommt.

Grundrezept: Popcorn

1/2 Tasse Mais / evtl. Öl für die Pfanne

Öl in der Pfanne erhitzen und den Mais hinzufügen. Den Deckel auflegen und bei kleiner Hitze unter ständigem Rütteln garen, bis fast alle Körner gepoppt sind. Oder den Mais in der Popcornmaschine laut Anleitung poppen.

Süßes Popcorn

1/2 Tasse Mais / evtl. Öl für die Pfanne / 2-3 EL Butter / 1 EL Honig

Den Mais wie im Grundrezept (S. 115) beschrieben auspuffen lassen. In der Zwischenzeit die Butter in einem kleinen Töpfchen zerlassen, den Topf vom Herd nehmen und den Honig unterrühren. Mit dem Popcorn vermischen.

Popcorn orange

1/2 Tasse Mais / evtl. Öl für die Pfanne / 2-3 EL Butter / 1 EL Honig / 1 TL Zimt / 2 TL geriebene unbehandelte Orangenschale

Den Mais wie im Grundrezept (S. 115) beschrieben auspuffen lassen. Die Butter schmelzen und Honig, Zimt und die feingeriebene Orangenschale unterrühren. Mit dem Popcorn vermischen.

Statt Orangenschale kann man auch einige Tropfen Orangenöl nehmen.

Salziges Popcorn

1/2 Tasse Mais / evtl. Öl für die Pfanne /
2-3 EL Butter / Meersalz

Den Mais wie im Grundrezept (S. 115) beschrieben auspuffen lassen. Die Butter schmelzen und mit dem Popcorn vermischen. Meersalz nach Geschmack zugeben.

Grünes Popcorn

1/2 Tasse Mais / evtl. Öl für die Pfanne / 2-3 EL Butter / 2 EL frische Kräuter / Meersalz

Den Mais wie im Grundrezept (S. 115) beschrieben auspuffen lassen. Die Kräuter sehr fein hacken. Zusammen mit der geschmolzenen Butter mit dem Popcorn vermischen. Meersalz nach Geschmack zugeben.

Wenn nur getrocknete Kräuter zur Verfügung stehen: Nur etwa 1 EL Kräuter nehmen, diese im Mörser noch einmal extra fein zerstoßen und in der heißen Butter kurz ziehen lassen. So entfalten sie ihren Geschmack besser.

Käse-Popcorn

1/2 Tasse Mais / evtl. Öl für die Pfanne / 2-3 EL Butter / 50 g geriebenen Bergkäse

Den Mais wie im Grundrezept (S. 115) beschrieben auspuffen lassen. Die Butter schmelzen und mit dem Popcorn vermischen. Das Popcorn auf einem Backblech so ausbreiten, daß es möglichst nah zusammen-, nicht aber aufeinanderliegt. Mit dem geriebenen Bergkäse bestreuen und so lange im Backofen überbacken, bis der Käse geschmolzen ist und zu bräunen beginnt.

Schoko-Popcorn

1/2 Tasse Mais / evtl. Öl für die Pfanne / 50 g Schokolade oder Carobriegel

Den Mais wie im Grundrezept (S. 115) beschrieben auspuffen lassen. Die Schokolade bzw. den Carobriegel im Wasserbad schmelzen. Das Popcorn auf einem Papier ausbreiten und die geschmolzene Schokolade in einem sehr feinen Strahl auf das Popcorn gießen, so daß feine Linien auf das Popcorn „gezeichnet“ werden.

Popcorn-Berge

1/4 Tasse Mais / evtl. Öl für die Pfanne / 50 g Backpflaumen / 100 g Mandelstifte / 100 g Schokolade oder Carobriegel

Den Mais wie im Grundrezept (S. 115) beschrieben auspuffen lassen. Die Backpflaumen entkernen und in kleine Stückchen schneiden. Die Schokolade bzw. den Carobriegel im Wasserbad schmelzen und Popcorn, Backpflaumen und Mandelstifte dazugeben.

Mit 2 Eßlöffeln kleine Häufchen von der Masse auf ein geöltes Pergamentpapier setzen und erstarren lassen.

Eingelegte Köstlichkeiten

Die pikanten und süßsauren Knabbereien sind wohl eher eine Domäne der erwachsenen Naschkatzen. Bei einer geselligen Runde Doppelkopf oder einem verlängerten Brunch werden gerade die eingelegten Köstlichkeiten gerne gegessen. Zusammen mit herzhaftem Knabbergebäck oder Brot sind die meisten der hier vorgestellten Rezepte fast schon eine Zwischenmahlzeit oder eine kleine Abendmahlzeit. Sehr praktisch, wenn mal überraschender Besuch kommt...

Vielleicht werden Sie bei den Rezepten ans Einmachen erinnert. Zur Haltbarmachung dienen auch hier „Konservierungsmittel" wie Essig, Salz oder Honig. Zusätzlich werden die meisten Zutaten erhitzt, wodurch möglichst viele zersetzende Keime abgetötet werden. Und wenn dann auch die Gerätschaften sehr sauber vorbereitet wurden, haben Mikroorganismen keine Chance.

Twist-Off-Gläser, das sind die Gläser, die beim ersten Öffnen „Klack" machen, eignen sich wunderbar zum Einlegen von Obst und Gemüse. Meist haben sich sowieso ein paar davon angesammelt, sonst fragt man vielleicht bei Freunden oder bei Nachbarn, ob sie noch welche haben. Schließlich weiß man ja mittlerweile auch, daß Wiederverwerten besser ist als Recyclen... Twist-Off-Gläser gibt es in den unterschiedlichsten Größen, so daß man sich für den jeweiligen Zweck die geeignete Größe aussuchen kann. Lieber etwas kleinere Gläser wählen, damit nicht später immer ein Rest des Inhalts vergammelt.

Natürlich kann man auch die normalen Einmachgläser oder auch jedes andere Glas geeigneter Größe nehmen. Sollte zu dem Glas kein Deckel (mehr) vorhanden sein, können Sie es auch mit Zellophan (Einmachhaut) verschließen.

Die Gläser und Deckel werden vor dem Einfüllen sehr sauber gespült. Wer's ganz besonders gründlich machen will, kann die Deckel noch einmal in Wasser auskochen. Damit die Gläser beim Einfüllen kochendheißer Flüssigkeit nicht zerplatzen, stellt man sie auf ein feuchtes Tuch, so daß die Wärme besser abgeleitet werden kann. Die Gläser bis etwa 2 cm unter den Rand füllen, dann die Deckel aufsetzen. Kleine Etiketten mit Inhalt und Abfülldatum sehen nicht nur schön aus, sondern erleichtern auch die Vorratshaltung.

Übrigens ist so ein Glas mit eingelegten Köstlichkeiten ein tolles Mitbringsel!

Wer sich - etwa beim Kartenspielen - nicht ständig die Hände schmutzig machen möchte, kann Zahnstocher oder kleine Spießchen aus Holz (Asien- und Dritte-Welt-Läden) benutzen. Damit ausgestattet passen die Knabbereien auch gut zu einem kalten Buffet.

Grüne Tomaten

750 g grüne Tomaten / 2 l Wasser / 2 EL Meersalz / 1/4 l Zitronensaft / 1/4 l Wasser / 500 g Honig / 1 EL schwarzer Pfeffer, grob zerstoßen / 3 Zimtstangen / 5 Nelken / 1 kleine Ingwerknolle

Die Tomaten waschen, den Stielansatz entfernen und die Tomaten mit einer Nadel mehrmals einstechen. Das Wasser aufkochen, Salz und Tomaten dazugeben und bei schwacher Hitze 2 Minuten leicht köcheln lassen. Die Tomaten auf ein Sieb abgießen und gut abtropfen lassen. 3 kleinere Twist-Off-Gläser sehr sauber ausspülen und die Tomaten hineinschichten.

Den Ingwer schälen und fein schneiden. Zusammen mit Zitronensaft, Honig und den Gewürzen aufkochen lassen und noch heiß über die Tomaten geben, so daß diese ganz bedeckt sind. Die Gläser sofort fest verschließen.

Die süßsauer eingelegten Tomaten etwa 2 bis 3 Wochen durchziehen lassen. Ungeöffnet sind die Gläser mehrere Monate haltbar. Angebrochen sollten sie im Kühlschrank aufbewahrt und innerhalb von 14 Tagen gegessen werden.

Die Tomaten sollten noch ganz grün und unreif sein. Achten Sie jedoch darauf, daß die Früchte mindestens Walnußgröße haben, damit sie nicht mehr bitter schmecken. Oder nehmen Sie die kleinen Kirschtomaten vor der Reife.

Die süßsauer eingelegten Tomaten zum „Knabbern“ gut abtropfen lassen und schön auf einem Teller anrichten. Ein herzhaftes Gebäck (z.B. Salzstangen, S. 61) oder herzhaftes Roggenbrot dazu reichen. Die Tomaten können auch auf Zahnstocher gespießt werden, dann bleiben sogar die Finger sauber.

Hot Pot

je 200 grüne und rote Pfefferschoten (Chillies) /
100 g sehr kleine Zwiebeln / 1/4 l Zitronensaft /
1/2 l Wasser / 5 EL Honig / 2 EL Meersalz

Die Pfefferschoten mit einem Tuch trocken abreiben, die Stiele entfernen und die Schoten mit einer Nadel mehrmals einstechen. Die Zwiebeln schälen und mit den restlichen Zutaten aufkochen lassen . Die Pfefferschoten dazugeben und noch 2 Minuten weiterköcheln lassen.

3 bis 4 kleinere Twist-Off-Gläser sehr sauber ausspülen. Die Pfefferschoten und die kleinen Zwiebeln hineinschichten, den heißen Sud darüberlöffeln. Die Gemüse müssen ganz davon bedeckt sein. Das Glas sofort fest verschließen.

Die Pfefferschoten 2 bis 3 Wochen durchziehen lassen. Ungeöffnet sind die Gläser mehrere Monate haltbar. Angebrochen sollten sie im Kühlschrank aufbewahrt und innerhalb von 14 Tagen gegessen werden.

Achtung, Hot Pot ist nur etwas für Leute, die gerne scharf gewürzt essen! Wenn Ihnen der Sinn mehr nach milderen Genüssen steht, dann fragen Sie bei Ihrem Gemüsehändler nach milden Peperoni. Diese können nach dem gleichen Rezept eingelegt werden, sind aber nicht ganz so „heavy“.

Eingelegter Mozarella

10-15 kleine Mozarellakäse / 1 Bund frisches Basilikum / 3-6 Knoblauchzehen / Öl

Die Mozarella aus der Lake nehmen und gut abtropfen lassen. Das Basilikum waschen, trocknen und die Blättchen einzeln abzupfen. Die Knoblauchzehen schälen und in feine Scheiben schneiden.

Käse, Kräuter und Knoblauch in ein dekoratives Glas schichten und mit Öl übergießen. Die Käse sollen vollständig mit dem Öl bedeckt sein. Im Kühlschrank mindestens eine Woche durchziehen lassen.

Die kleinen Käse aus der Marinade herausnehmen und mit Knabbergemüse wie Kirschtomaten, Bleichselleriestückchen und anderer Rohkost nach Geschmack auf einer Platte anrichten.

Wenn Sie keine kleinen Mozarellakäse bekommen können, nehmen Sie einfach große Käse am Stück, die Sie vor dem Einlegen in nicht zu kleine Würfel schneiden.

Das Öl kann erneut zum Einlegen von Käse verwendet werden, man kann aber auch Salate mit ihm anmachen. Es nimmt einen herzhaften Knoblauch-Kräuter-Geschmack an. Wer es italienisch mag, nimmt Olivenöl.

Soleier

1 l Wasser / Schalen von 2-3 Zwiebeln /
50 g Meersalz / 15 Eier

Das Wasser mit den Zwiebelschalen und dem Salz 5 Minuten kochen lassen. Die Eier in einem anderen Topf in 10 Minuten ganz hart kochen, abschrecken und schälen. Die Eier in ein großes Glas schichten und die Salzlösung durch ein Sieb daraufgießen, so daß die Zwiebelschalen zurückgehalten werden. Die Flüssigkeit muß die Eier vollständig bedecken.

Die Soleier mindestens 24 Stunden ziehen lassen. In der Lake können sie bis zu 10 Tage aufbewahrt werden.

Ganz klassisch schneidet man das Ei in 2 Hälften, nimmt das Eigelb heraus, würzt mit Essig, Öl, Salz, Pfeffer und Senf und gibt das Eigelb wieder drauf. Die Soleier schmecken aber auch „einfach so" oder mit etwas Senf sehr lecker.

Versuchen Sie, möglichst kleine Eier, z.B. die Eier von Zwerghühnern zu bekommen. Damit werden die Soleier nicht gleich so magenfüllend.

Maiskölbchen

ca. 500 g kleine Maiskolben / 30 g Meersalz / 2 TL Pfefferkörner / 2 TL Senfkörner / 1 Stück Meerrettichwurzel (ca. 6 cm lang) / 1/2 l Essig / 6 kleine Zweige Estragon

Die Maiskolben aus der Hülle schälen und die feinen Haare sorgfältig entfernen. Den Stielansatz direkt an den Körnern abschneiden. Die Maiskolben in einer Schüssel mit dem Salz vermischen und zugedeckt 12 bis 24 Stunden im Kühlschrank ziehen lassen. Herausnehmen und mit einem sauberen Handtuch gut abreiben. Die Maiskolben aufrecht in kleine Twist-Off-Gläser stellen, kleine Estragonzweige dazugeben.

Den Essig mit Pfefferkörnern, Senfkörnern und der geschälten und in Scheiben geschnittenen Meerrettichwurzel aufkochen und heiß über den Mais gießen. Die Gläser sofort fest verschließen.

Sollten für das letzte Glas zu wenige Maiskolben übrigbleiben, können Sie einfach mit kleinen Karotten, Paprikastückchen oder einem anderen Gemüse auffüllen. Dann erhalten Sie Mixed Pickles, die sich auch sehr gut zum Knabbern eignen!

Die Maiskölbchen sollten noch ganz zart sein. Wenn die Kolben zu groß sind, schmecken die Körner hart und mehlig. Mais läßt sich übrigens ganz einfach im Garten oder im Blumenbeet des Vorgartens ziehen.

Essigzwiebeln

750 g Schalotten oder kleine Zwiebeln / 40 g Salz / 1/2 l Essig / 2 TL Pfefferkörner / 1 Stück Meerrettichwurzel (ca. 3 cm lang), 4 Dillblüten (falls vorhanden)

Die Schalotten schälen, mit dem Salz mischen und über Nacht im Kühlschrank durchziehen lassen.

Die Schalotten in ein Sieb geben, kurz überbrausen und mit einem sauberen Handtuch gut abreiben. Den Essig mit den Pfefferkörnern und der geschälten und in Scheiben geschnittenen Meerrettichwurzel zum Kochen bringen. Die Schalotten hineingeben und mitkochen lassen, bis sie glasig werden. Die Schalotten in ein Sieb geben, dabei aber den Essigsud auffangen. Die Schalotten in kleine Twist-Off-Gläser füllen. Den Essigsud noch einmal zum Kochen bringen und ganz heiß über die Schalotten gießen, so daß sie ganz bedeckt sind. Die Gläser sofort verschließen.

Zum Knabbern die Essigzwiebeln gut abtropfen lassen und in einer kleinen Schale servieren.

Grüne Stachelbeeren

2 kg grüne Stachelbeeren / 300 g Honig

Die Stachelbeeren waschen und putzen, dabei die Stiel- und Blütenansätze abzupfen. In einer Schüssel mit dem Honig gut vermischen und in Gläser füllen, die Gläser verschließen. Die Fettpfanne des Backofens mit Wasser füllen und die Gläser daraufstellen. Im Backofen bei 75° C 20 Minuten einkochen.

Die Stachelbeeren sind gut abgetropft eine fruchtige Knabberei, die man auch noch gut mit Haselnüssen oder Mandeln mischen kann. Man kann sie aber auch sehr gut als Belag für Obsttörtchen oder zu einem Pudding verwenden.

Käsepäckchen

250 g Schafskäse / 1/2 Pck. Weinblätter in Salzlake/ Zahnstocher / 3-6 Knoblauchzehen / 2 Pfefferschoten / Olivenöl

Den Schafskäse in mundgerechte Würfel schneiden und jeden Würfel in ein Weinblatt einwickeln. Mit einem Zahnstocher fixieren. Die Knoblauchzehen schälen und längs vierteln. Die Pfefferschoten trocken abreiben und in Ringe schneiden.

Die Käsepäckchen vorsichtig in ein schönes Glas schichten. Dabei immer mal ein Stück Knoblauch oder Pfefferschote dazwischenlegen. Mit Olivenöl übergießen und zugedeckt im Kühlschrank mindestens 4 Tage ziehen lassen.

Die Käsepäckchen aus dem Öl herausnehmen und gut abtropfen lassen. Solo oder mit Oliven und eingelegten Peperoni auf einer Platte anrichten.

Das Öl kann entweder erneut zum Einlegen von Käse verwendet werden, man kann aber auch Salate mit ihm anmachen.

Die restlichen Weinblätter mit gekochtem Reis gefüllt als Vorspeise servieren.

Asiatische Knabbereien

Wenn es mal „ganz was anderes" sein darf, probieren Sie mal die süßen und pikanten Knabbereien aus asiatischen Landen aus. Die Rezepte sind einfach gehalten, auch die Zutaten sind nicht allzu schwer zu beschaffen. Wenn doch einmal etwas fehlen sollte, improvisieren Sie einfach: Kichererbsen- oder Reismehl läßt sich auch in einer normalen Getreidemühle mahlen, Kokosmilch läßt sich zur Not auch durch mit Wasser gemixte Kokosraspeln ersetzen. Hauptsache, Sie probieren die exotischen Genüsse neugierig und unvoreingenommen.

Indische Kichererbsendreiecke

80 ml Öl / 60 g Kichererbsenmehl / 6 EL Honig / 60 ml Wasser / 40 ml Öl / 100 g gehackte Nüsse

Das Öl heiß werden lassen und das Kichererbsenmehl darin einrühren und kurz köcheln lassen. Den Honig, Wasser und Öl unterrühren und unter Rühren 10 Minuten kochen. Die Masse auf eine gefettete Platte gießen. Die gehackten Nüssen daraufstreuen und etwas andrücken. Vor dem Erstarren in Dreiecke schneiden.

Sung-Sing

*250 g Erdnüsse / 5 - 6 EL Honig /
2 Handvoll Rosenblütenblätter / 1/2 Tasse Rosenwasser*

Die Erdnüsse in der Nußmühle sehr fein mahlen (ersatzweise gemahlene Mandeln verwenden). Die Rosenblütenblätter sollten möglichst frisch gepflückt sein. Sie werden gewaschen und mit einem scharfen Messer in ganz feine Streifen geschnitten. Alle Zutaten in eine Schüssel geben und im heißen Wasserbad 5 Minuten lang kräftig aufschlagen. Etwas abkühlen lassen und kleine Kügelchen daraus formen. Auf einem Kuchenrost vollständig erkalten lassen. Einzeln in buntes Papier verpacken.

Sung-Sing ist eine chinesische Spezialität.

Rosenwasser bekommt man in Apotheken. Die Rosenblütenblätter kann man sich selbst frisch pflücken. Überzeugen Sie sich davon, daß die Rosen nicht mit chemischen Mitteln gespritzt wurden.

Sum-Sum

1 El Öl / 6 EL Honig /
250 g Erdnüsse (ersatzweise Sojanüsse) / 125 g Sesam

Das Öl in einem größeren Topf erhitzen, den Honig dazugeben und unter ständigem Rühren in etwa 5 Minuten karamelisieren lassen. Die Erdnüsse (bzw. die Sojanüsse) und den Sesam dazugeben und bei starker Hitze in 10 Minuten goldbraun rösten.

Die Masse 1 cm dick auf eine mit Wasser befeuchtete Unterlage streichen, mit einem nassen Messer glattstreichen. 1 Stunde abkühlen und fest werden lassen. Die erstarrte Masse vorsichtig ablösen, in 4 x 4 cm große Quadrate schneiden oder einfach in Stücke brechen.

In eine Gebäckdose schichten oder in Wachspapier einwikkeln.

Sum-Sum ist eine arabische Köstlichkeit. Sie wird dort in den Basaren von den Händlern lautstark angepriesen.

Kohlpickles mit Chili

1 kg Chinakohl / 1 EL Meersalz / 1 kleine Zwiebel / 2 Knoblauchzehen / 1 cm frische Ingwerwurzel / 1 EL Chilipulver / 150 ml Sojasauce / 150 ml Essig / 1 EL Honig

Den Chinakohl in grobe Streifen schneiden und in einer Schüssel mit dem Salz vermischen. 4 Stunden stehen lassen, dann mit den Händen noch einmal kräftig durchmischen. Die entstandene Flüssigkeit abgießen.

Die Zwiebeln fein hacken, die Knoblauchzehen pressen, die Ingwerwurzel in feine Stückchen schneiden. Mit den restlichen Gewürzen verrühren und alle Zutaten zusammen mit dem Chinakohl in einen Steinguttopf schichten. Mit einem Teller beschweren, so daß der Kohl selbst nie mit der Luft in Berührung kommt. An einem kühlen Platz 1 bis 2 Tage reifen lassen. Im Kühlschrank sind die fertigen Pickles etwa 10 Tage haltbar.

Pickles haben eine verdauungsfördernde Wirkung. Sie werden nicht nur als kleine Knabberei zwischendurch genossen, sondern auch als Beilage zu den Mahlzeiten gereicht. Kohlpickles mit Chili sind eine einfache, koreanische Variante.

Linsenbällchen

1 Tasse Linsen / 8 Schalotten / 1 rote Chili / 1 Knoblauchzehe / 1 TL Koriander / 1 TL Kurkuma / 1 TL Kumin / 1 TL Meersalz / Öl zum Fritieren

Die Linsen mit reichlich Wasser bedecken und über Nacht einweichen. Das Wasser abschütten und die Linsen im Mixer fein pürieren. Die Schalotten und die Chilischote sehr fein hacken, den Knoblauch durch die Presse drücken. Koriander, Kurkuma, Kumin und Salz in einem Schälchen mischen.

Das Öl in einer Friteuse oder einem hohen Topf erhitzen. Das Linsenpüree mit den restlichen Zutaten gut verkneten. Aus dem Teig mit geölten Händen kleine Bällchen formen und in dem heißen Öl goldgelb und knusprig ausbacken. Auf Küchenkrepp etwas abtropfen und entfetten lassen.

Linsenbällchen, Beya Kyaw, sind eine birmesische Spezialität. Sie werden dort als Snack oder auch als Vorspeise gegessen. Wer Lust hat, kann noch einen scharfen Dip oder ein Chutney dazu reichen. Die kleinen Bällchen einfach hineintunken und aus der Hand essen.

Gebackenes Obst

75 g Reismehl / 125 g Weizenmehl / 3 TL Backpulver / 250 ml Kokosmilch / 100 g Kokosflocken / 250 ml Wasser / 1 MSP Meersalz / 1 Ei / Obst (z.B. Bananen, Ananas, Pfirsiche) / Öl zum Fritieren

Reismehl, Weizenmehl und Backpulver miteinander mischen. Kokosmilch und Kokosflocken im Mixer pürieren und mit dem Wasser zu dem Mehl geben. Salz und Ei zufügen und alles zu einem Teig verrühren. Zugedeckt eine halbe Stunde stehen lassen.

Das Obst schälen und in mundgerechte Stücke schneiden. Das Öl in einer Friteuse oder einem hohen Topf erhitzen. Die Obststücke in den Teig tauchen und in dem heißen Öl fritieren. Dabei nicht zu viele Stücke auf einmal ausbacken, damit das Öl nicht zu sehr auskühlt.

Die gebackenen Obststücke mit einem Schaumlöffel herausholen und auf Küchenkrepp etwas abtropfen und entfetten lassen. Noch warm genießen!

Gebackenes Obst ist eine indonesische Köstlichkeit. Dort kann sie man an Straßenständen kaufen und ißt sie unterwegs aus der Hand.

Murukku

500 g Kichererbsenmehl / 2 TL Chilipulver / 2 TL Kurkuma / 1 TL Meersalz / 1 Tasse Wasser / Öl zum Fritieren / 1 TL Meersalz / 1 TL Paprikapulver

Das Mehl mit den Gewürzen mischen und mit dem Wasser zu einem festen Teig verrühren. Auf einer bemehlten Fläche dünne Fladen ausrollen, die Fladen zusammenrollen und mit einem scharfen Messer feine Streifen davon abschneiden.

Das Öl in einer Friteuse oder einem hohen Topf erhitzen und die Teigstreifen darin portionsweise goldbraun und knusprig ausbacken. Auf Küchenkrepp etwas abtropfen und entfetten lassen. Das Salz mit dem Paprikapulver in einem Schälchen mischen und die Murukkus damit bestreuen.

In einer Gebäckdose luftdicht aufbewahrt sind die Murukkus, eine Spezialität aus Sri Lanka, mehrere Wochen haltbar.

Rezeptindex

Die Autorin

Jutta Grimm (Jahrgang 1962), Mutter von zwei Kindern, studierte in Trier Haushalts- und Ernährungstechnik.

Die Erfahrungen aus ihrem Studium und ihr Interesse an einer gesunden und ökologischen Ernährung brachten sie 1986 zum pala-verlag, wo sie in verschiedenen Funktionen arbeitet.

1990 erschien im pala-verlag ihr erstes Buch „Brotaufstriche selbstgemacht“; 1992 folgte „Vegetarisch grillen“.

Die Zeichnerin

Renate Alf, 1956 in Göttingen geboren, ist eigentlich Lehrerin für Französisch und Biologie. Seit 1983 zeichnet sie lieber Cartoons. Renate Alf lebt mit ihrem Mann und vier Kindern in Freiburg.

Von ihr erschienen im Lappan Verlag die Bücher „Höchst erfräulich“, „Nabitte“ und „Kinderleicht“.

Andere Bücher von Jutta Grimm

Wer sich vegetarisch ernährt, muß noch lange nicht die Einladung zum Grillfest ausschlagen! Denn es gibt eine Alternative zu Würstchen und Steaks. In diesem Buch findet man leckere Rezepte mit Spießen, Bratlingen und Backwaren - natürlich vegetarisch und vollwertig.

Jutta Grimm:
Vegetarisch grillen
- pfiffig, vollwertig, köstlich
Taschenbuch, 144 S., 12,80 DM
ISBN: 3-923176-80-5

Gesunde Alternativen zu Wurst und zuckersüßer Marmelade? Das Buch bietet eine Fülle von Rezepten für leckere Brotaufstriche, die ohne viel Aufwand nachzumachen sind: von der herzhaften Getreidepastete bis zur feinen Avocadocreme.

Jutta Grimm
Brotaufstriche
selbstgemacht
Taschenbuch, 144 S., 12,80 DM
ISBN: 3-923176-65-1